いいことも悪いことも
全部引き受ける

倒産寸前から
2年で黒字化した
社長の思考

脇本真之介

かんき出版

はじめに

借金13億円、半年で売上80％減――。
これは、２０１２年、私が社長に就任した当時の会社の経営状態です。

本書をお手に取っていただき、ありがとうございます。
本書に興味を持っていただいたということは、何か理由があったのだと思います。
それは、あなたがリーダーとして、もしくは経営者として、普段から自分を高めたいと意識されていたからこそ、偶然にも手に取っていただけたのではないでしょうか。

最初に、自己紹介をさせてください。

私は、大きな実績を成し遂げた経営コンサルタントでも、ＭＢＡを取得した一流のセールスマンでもありません。日本中、どこにでも存在するような街の中小企業の経営者です。

より詳しく言うと、**営業マンとして全く成績が出せず、喫茶店で土下座をしても売ることができなかったという、最底辺の会社員でした。**

そんな私の現在はというと、奈良県にある創業1882年（明治15年）のいわゆる老舗製薬メーカーを父から引き継いだ5代目の「アトツギ経営者」です。

「あぁ、どこかのボンボンの話か」と思われた人もいるかもしれませんが、決して裕福な家庭で育ったわけではありません。

入社当時は父が社長、母が経理、そして60歳を超えたパートのおばさんが2人、工場に2人という、たった6人の小さな会社でした。

私が入社する少し前、父が手がけた新事業の商品は、特許を取得し、他社が参入できないこともあって、業界内で認知度が少しずつ上がり、私も営業として父のサポートをしながら全国を走り回りました。

そうした地道な活動のおかげもあって、末端価格で100億円を超える市場を作り出したヒット商品となりました。

たった数年で売上も5億円を超え、設備投資も繰り返し、遂には10億円の大台を超えトントン拍子で会社も成長を遂げていきました。


しかし2011年、**会社の存続を揺るがす大きな事件**が起こります。

父が手がけた事業は、パートナー企業2社と当社を含めた3社が、共に協力し合って10年以上にわたり運営を行ってきました。

3社の役割分担を簡単に説明すると、原料を作る会社があり、その原料を仕入れて商品を製造するのが当社、そして完成した商品を販売するのが総代理店です。

この3社が、それぞれの役割を果たしながら、製薬業界やサプリメント業界の一市場を創り上げ、お客様の健康を支える商品提供を長年にわたって行ってきました。

ところが、特許切れにより他社が参入し、海外からも安価な類似商品が市場にあふれ出し、3社は互いに自社の利益を確保するために、それまでの協力関係に亀裂が生じたのです。

こうなると転落は早いもので、３社の協力体制は一気に崩れ去りました。**商品を製造する当社の売上は、半年で80％も消失し、短期間で行った設備投資のために借りた13億円の借金が残る事態**となったのです。

父はショックのあまり、事業に対する情熱を失ってしまい、私が経営者となりました。父からは「もう倒産するから辞めておけ」と言われました。きっと息子の私に対する優しさで、最後まで責任を取り、私を守ろうとしてくれたのだと思います。

しかし私は逆に、**「父まで4代にわたって続いてきた事業を終わらせてはいけない、従業員の皆さんの生活を守らなければならない」**と、心に火がついたのです。

これが私の経営者人生の始まりでした。

ここで質問です。

競合他社との競争、短期間での売上の急低下、莫大な借金、毎月１０００万円近い赤字、数十年来のパートナー企業がライバルとなって、当社を誹謗中傷する……。

あなたが会社の経営者もしくは組織のリーダーだとして、このようなトラブルが続々と襲いかかってきたら、どうしますか?

たいていの人は、難題やトラブルが次から次へと降りかかる状況に追い込まれると、逃げ出したくなったり、もうダメだとマイナス思考になったりすると思います。

そして周囲から見れば、誰もが確実に「あぁ、あの企業はもう終わりだな……」と思うような状況です。

2012年、私が代表に就任した当時も、同業界のほとんどの人から、「あの会社はもう数カ月で倒産する」と噂され、多くの企業から取引条件の変更を求められました。さらに、良好な関係だと思っていた金融機関が豹変し、担当の方からたくさんの罵声を浴びました。

まさしく沈没寸前の泥船のような会社だったからです。

これらのトラブルが次々と襲いかかりましたが、従業員の皆さんたちと共に踏ん張り、果敢に挑戦を続けました。

よく士業（会計士）の先生方からも「そんなやり方で復活したのですか？ 考えられないことをしますね」と言われましたが、自分の中では、**会社をよくするために必要なことをシンプルに考えた**だけです。

それが社会や業界の慣習と一致しなければ、徹底して自分が善と判断したことを実行したという程度の認識しかありません。

周囲からは「変わり者」「型破り」と驚かれるような、泥臭い経営手法ではありましたが、従業員さんの力も借りて共に実行したのです。もちろん全国のお取引先の皆さんからも多大なご支援をいただきました。

そうやって多くの方々に支えられ、何とか立ち上がることができたのです。そして受けたご恩は、企業活動を通じて返していく義務と責任を伴っていることを学びました。

さて、吹けば飛ぶような状況に追い込まれていた、どこにでも存在するような中小企業が、そこからどんな結果になったのか。

1年目に赤字を解消し、2年目で黒字に転換、以降は連続増収増益、黒字経営を継続。5年目からは売上高経常利益率10％超えを達成――という、目標以上の素晴らしい結果を出すことができたのです。

「人を大切にする経営」を志したきっかけ

会社を回復の軌道に乗せることができた経営5年目の冬、盛和塾（京セラ創業者である故・稲盛和夫氏から経営哲学を学ぶ経営者の私塾）に所属していた私は、ありがたいことに関西を代表する経営者2名のうちの1人に選出され、稲盛氏の眼前で講演をする機会をいただきました。

講演の前に、尊敬する稲盛氏と直接お話をさせていただく機会があると事務局の方から説明を受け、稲盛氏の待合室に入りました。非常に緊張しましたが2人きりで30分にわたってお話をさせていただく機会が訪れたのです。

その頃の私は、会社の業績を回復させたものの、借入金の返済が続くことに苛立ちを感じ、先代である父と険悪な関係になっていました。「あれだけ莫大な借金を作った父には経営能力がなかった。父の経営方針が悪かった」とさえ思っていたのです。

そんな父のことを稲盛氏に話したところ、次のように厳しいお叱りを受けました。

「会社を継ぐとは、負の部分も含めて継ぐということ。よい部分だけを継ぎたいと、自分に都合のよいことだけを考えるなら会社を継いではいけません。

父親や数多くの先人がいて事業を守り続けてくれたからこそ、今のあなたの立場があるのです。その先人たちからの恩恵を受けて、あなたは今こうして多くの人に出会うことができ、学ぶことができるのです。

自分に都合のよいことは引き継ぎたい、先人には感謝しない、そのような経営者が、今後よい経営をできるはずがない。考え方を改めなさい」

目が覚めるような衝撃を受けました。この稲盛氏の言葉によって、父に対する感情を改めようと心から反省したのです。

また、それまで数字を中心とした経営を行ってきたのですが、改めて稲盛氏の言葉をきっかけに、「人」について真剣に考えるようになり、「人を大切にする経営」を志すようになりました。

まだまだ足りない部分が多い私ですが、稲盛氏の言葉を大切にしながら、私心のある判断を行わない経営を行うことを意識して、日々の生活を送っています。

少し前の調査になりますが、経済産業省と総務省が令和3年6月1日に実施した「令和3年経済センサス・活動調査」によれば、日本国内には約338万社もの企業が存在します。そのうちの約85％に相当する285万社ほどは1～20名の小規模事業者です。中規模も合わせると日本の企業のうち、99・7％が中小企業ということになる計算です。

この全ての企業に社長や代表者が存在します。つまり、日本には延べで約338万人の社長がいることになります。私もそのうちの一人です。

もちろん事業規模や業種の違いなど多種多様の企業が存在し、一つひとつの企業には、さまざまなドラマが必ず存在しています。

利益をたくさん出して資金も潤沢にある企業もあれば、吹けば倒れそうなほどひっ迫した状況下で何とか食いしばって立っている企業もあります。

どのような会社の経営でも、山もあれば谷もあるでしょう。私のスタートは谷底からでした。

しかし、稲盛氏をはじめ数多くの先輩経営者の皆さまから教えていただいた「**人を想い、人として正しい経営**」を貫くことで、社会に貢献できる企業に成長することができました。

もちろん私一人の力ではありません。従業員の皆さん、お取引先企業の皆さんやお客様のお力添えのおかげです。

本書では、どのような取り組みを行い、事業を成長へと導いたのか、当社が行った具体的な「考え方」や「行動」を紹介していきたいと思います。

もし、今、リーダーや経営者の立場にいる方で、「もう無理だ、もうだめだ」と何かを諦めかけているようであれば、ぜひ、最後までお読みいただき、「まだ遅くない。まだできる」という大きな心の変化が起こることを願っております。

トライ&エラーを何度も繰り返した地道な歩みですが、読者の皆さんにとって、経営のヒント、仕事の課題解決のヒントにしていただけたら幸いです。

目次

第2章 「人の成長」をどう促すか？

第3章　仲間との絆を深める「リーダー」の心得

第4章

誠実な会社であるための「信頼」の育て方

第5章 「アイデア」が、仕事の結果を変える

第6章 数字を正しく読んで「危機」に備える

第1章

逆境を越える「思考法」

未来は「考え方」で変わる

本書を手に取ってくださった方の中には、経営者や管理職などチームをまとめる役職にいる方や、一般社員の方もいらっしゃるでしょう。

最初に、役職に関係なく、ビジネスにおいて最も大切なことをお伝えします。

それは**「考え方」**です。

どのような仕事に就いても、挫折を味わう場面は必ず訪れます。そのときに、**「もうダメだ」と諦めるのか、それとも「もう一度挑戦しよう」と立ち上がるのか。どちらの道を選択するかは、その人が持つ「考え方」によって異なります。**

皆さんは「働く」という行為を、どのようにとらえていますか？「生きていくために仕方のない必要悪」ととらえてはいないでしょうか。

「仕方のないこと」と考えると、人は無意識のうちに思考を停止し、「苦役《くえき》」へと変換してしまいます。そして、苦しいことはなるべく避けて「少ない時間でラクに稼ぎたい」という思考が生まれるのです。

こうした思考の傾きによって、現代人の多くが「働くことで充実感を得る」という体験ができない世界を作り上げています。

しかし２００年ほど前の日本は、働くことを美徳と考える人があふれる国でした。

たとえばそれは、江戸時代の近江商人の「三方よし」という言葉にも見られます。売り手、買い手、世間（社会）の三者にとってよい状態のことを意味し、日本人の正直で勤勉な商売姿勢が表れています。

商人だけではなく職人においては、強い師弟関係のもとで行われる長年の修行は、技術習得のためだけでなく、道徳と人間性を教育することも含まれました。

このように昔の人たちの「労働」に対する考え方は、単に生計を立てるための手段にとどまらず、道徳的な価値観と誠実な人間性を育みながら、同時に社会に貢献することが美徳と考えられていたのです。

もちろん仕事をする中でつらいことはあったでしょう。

それでも、苦役ととらえるのではなく、「自ら苦労を知ることで、他者の苦労も理解できるようになり、思いやりも生まれる」とプラスにとらえていたのです。

ところが時代が進むにつれて、人との接し方も仕事に対する考え方も大きく変わり、働くことを通して充実感や人間的な成長を感じられない人が急増しています。

日本人にとって働くことは、「**人生における喜びや生きがいを感じられる、誇り高い行為**」であり、人格を磨く修養の場としてとらえられていました。

だからこそ、かつての日本人が持っていた「労働に対する美徳意識」のような考え方に少しだけ思考を変えるのです。

たったそれだけで、働くことに充実感を覚えたり、仕事が楽しいと感じる変化が生まれたりするのです。

考え方を少し変えるだけで、未来を大きく変えることができる。

これを最初に知っておいてください。

「考え方」を変えると、選択する道も変わります。

未来を自らの手で変えていきましょう。

初心を貫く覚悟を持つ

経営者やリーダーは、仕事の中で「覚悟」を決める場面が数多く訪れます。

私は、若手経営者や後継者、起業家に向けて講演をさせていただく機会が多く、ありがたいことに「脇本さんの講演を聞いて、覚悟を決めました！」と言ってくださる方もいました。そのご縁で彼らの相談に乗ることもあります。

ある日、相談に乗っていた経営者からの連絡が途切れがちになったので、覚悟を決めたと話した案件がどうなったかを聞いてみたくなり電話をかけました。

すると、「途中で方向性を変えた」「資金的な問題と人の問題があり……」など、いろいろな理由をつけて辞めていたのです。あのときの彼の覚悟を決めたという言葉と熱意はいったい何だったのだろうか――と疑問に感じてしまいました。

覚悟を決める場面は人生の中で何度か訪れます。たとえば、「この会社に就職して、これを成し遂げる」といった想いも、一種の覚悟です。

ただその覚悟は、「スタート時に決める勢いだけの覚悟」ではなく、「初心を忘れずに最後までやりきるという信念を備えた覚悟」であってほしいと願います。

「覚悟」とは「やる」と決めた以上、最後まで徹底してやり続ける覚悟です。

たった1回の妥協が、積み重ねを無にする

覚悟というものは、経営者やリーダーにだけ必要なものでなく、誰にとっても大切です。**覚悟を持って始めたことは、妥協のない日々の積み重ねによって少しずつ実現へと近づいていきます。**

逆に、たった1回の気の緩みが、全てを無に帰してしまうことを知っておかなくてはなりません。

たとえば、「毎日、終業後に職場の掃除をしよう」という目標をチームで決めたとしましょう。しかし残業で終業が遅くなった日に、リーダーが「今日は遅いから、掃除しなくてもいいよ」と、一度でも妥協すると、そのチームの意識はどうなるでしょうか。

「時間が遅くなったら掃除しなくてもよい」という意識が生まれてしまいます。

小さな妥協を積み重ねるうちに、皆で決めた目標やルール、そしてスタートするときに抱いた覚悟がうやむやになってしまうことは、皆さんの会社でもよくあることかもしれません。

しかし、**たった一度の「まあいいか」という妥協が、それまでの積み重ねを全て無に帰してしまいます。**

時間の経過と共に、初心の覚悟は薄れてしまうもの。

だからこそリーダーは、やると決めたら最後までやりきる覚悟を忘れずに、皆に声をかけ続けるのです。それが、会社やチームの健全な運営を安定させる重要な鍵となります。

社長になるときに固めた覚悟

私が社長に就任したとき、会社は13億円の借金を抱え、半年間で売上の80％を失い、まさしく土俵際に立たされていました。当然、当社で働く従業員さんは今後の生活と仕事について不安の渦中にいたと思います。

そこで私は、その不安を払拭してもらうために「皆の生活を守ることを最優先に考えます」という覚悟を従業員の方々にお伝えしたのです。

そして**「ここから1年間は売上が回復しなくとも、皆さんの給与額を守ります」**と宣言したのです。

給与資金を捻出するために、まず社長である私と役員の給料をゼロにしました。次に会社が所有する、現金化が可能な不動産や保険などの資産を全て現金に変えました。

また、名前だけ会社に所属していた家族を全員解雇することで、家族に支払われていた報酬や社会保険料もなくなり、従業員の皆さんの生活を守ることを最優先にしたのです。

もちろん急な解雇通告を受けた家族は激怒し、3年ほど言葉を交わすこともないほど険悪な関係になりました。

それでも従業員さんの生活を守ることが経営者として正しい選択であると確信を持って行動したのです。

経営危機になると固定費を下げるために社員をリストラする経営者もいますが、これは最終手段だと考えています。

再生のために最初に痛みを受けるべきは、まず経営者です。

経営陣や会社が出せるものは出しきる。私の場合、それでも資金が足りなかったので、従業員さんに頭を下げ、賞与の支給だけは利益が出るまで我慢してもらいたいとお願いしました。

将来、利益の出る業績に戻ったときには、少しずつでも必ず出せなかった賞与をお返しすることを約束し、納得してもらいました。おかげさまで、それから2年後、3

回に分けてお返しすることができました。

賞与がないことは、短期的に見れば従業員の方々にとって不都合なことですし、不満を持つかもしれません。

しかし無理に賞与を出したがために、会社が倒産するようなことになれば、結果として従業員さんとそのご家族、お客様、お取引先の方々に迷惑をかけることになります。

一時的な不満が出て、批判を受けることになったとしても、経営者として長期的な視点で考え、皆が助かる最善の道を選んだのです。

ありがたいことに現在は経営も安定していますが、万が一、コロナショックや当社が一時巻き込まれた「紅麹プベルル酸事件」のような事態が再び起きたとしても、従業員さんの生活を守れるだけの準備はできています。

これが、私が最初に決めた「覚悟」だからです。

後述しますが、その後も、会社でさまざまな新しいチャレンジをしました。「**途中でやめるくらいなら最初からやらないほうがいい。本当に最後までやりきる覚悟はあるのか？**」と、常に自問自答を繰り返し、覚悟を決めてから行動に移してきました。

覚悟を持って決めたのであれば、初心を忘れず最後までやりきってください。

恐れと不安の見方を変える

私たちは未来を想像することはできても、予測することはできません。しかし、経営者やリーダーは全ての責任を背負い、数多くの決断をしなくてはなりません。当然、決断するには全責任を負う恐怖心と闘わなくてはならないのです。

私は、恐怖心の正体を「**過去の自分の経験にないもの**」と考えています。経験したことがない出来事に遭遇したとき、人は恐怖や不安、疑問を感じるわけです。

ただこれは裏返すと、**経験を積み重ねるチャンス**ともいえます。

経験がないことに挑戦することで、どのくらい難しい課題であるかを知ることができます。挑戦すると、「意外とこんなものか」という場合もあるでしょう。

私は「やってみないとわからない」が昔からの口癖で、その言葉通りに、恐怖や不安を感じる前に、未経験のことに対して興味を持つ性格でした。

何にでも興味を持つ私ですが、何でも即断するかというとそうではありません。決断に迷うときもあります。だからといって100％成功する確信がなければ決断しないかというと、それも違います。

イメージ的には**70％成功することが想像できればGO**を下すような感覚です。

70％の成功イメージが頭に描けない場合は、さっさと切り替えます。長々と迷うことは時間の無駄ですから、**捨てるときは思いきって切り捨てる勇気も必要です。**

ただし、**70％の成功イメージを描いたとしても、悲観的に失敗パターンも頭の中で描かなくてはいけません。**

「失敗するならこういうパターンがあるだろう」と、いくつものリスクを予測し、その対処法も事前に考えておくのです。

そうすることで、仮に失敗しても素早い対処が可能になります。

この悲観的なイメージを描くには、本当に興味を持たないと描くことができません。恐怖心や不安が勝っているようでは、悲観的なイメージを描く段階まで届かないのです。

「やったことがないから無理」と避けるのではなく、「どうやったらできるかな」と興味を持つところがスタート地点です。興味を持ったら、あとは自然と前に進んでいきます。進んで失敗したとしても何も問題はありません。

1回目の失敗は「経験」であり、失敗ではないと考えているからです。失敗も経験ととらえることができれば、不安になりません。私の過去の大きな決断は、経験を積むために挑戦してきたことばかりです。

恐怖心や不安の正体は、「チャンス」が姿を変えたものです。
恐怖心に勝る好奇心を持って挑戦し失敗することで、大きな経験が得られるのです。

「利己的な思考」は経営を複雑化する

私から見た「経営者やリーダーになる人」は、後継ぎとして家業を継いだ方か、もしくは自信家で知的で頭の回転が速い人のどちらかです。

後者の方は、頭の回転が速いがために、失敗やリスクを考えすぎて、物事を複雑に考えてしまうこともあるようです。さらに、地位や名誉を混同し、それらも同時に守ろうという利己的な考えに行きつくと、余計に複雑化してしまいます。

私は、仕事も経営もシンプルにとらえるように心がけています。

経営には本質しかありません。

その本質とは、「**人として正しいことをする**」こと。

よく哲学の世界で「本質」という言葉が出てきますが、哲学で語られる「本質＝真理」というような難しい意味ではありません。「事案に対して的確に重要なポイントを認識している」という意味です。

つまり、「転んだら立ち上がる」「雨が降ったら傘をさす」「物を落としたら拾う」などと同じくらい、当たり前でごく普通のシンプルな答えということです。

経営にたとえるなら、

- 利益を出すには、売上を上げて原価を抑える
- 手元に資金がなければ、早くお金を回収する
- 従業員さんが困っていたら、話を聞いて改善する
- 社長として批判されたら、謝罪して対応を見直す

というように単純明快に考えること。要は、私がしていることは、普通のことを普通にしているという感覚しかないのです。

以前、ある従業員さんに「**君の仕事には誠実さが欠けている。仕事をする上で最も大切なことは、人として正しくあること**」と伝えました。すると「正しさは立場によって異なると思います。正義のように、人によってとらえ方が変わるものではないですか」と問われたのです。

私はこう答えました。

「その人の立場によってとらえ方が違うと言っている時点で、それは利己的で自分にとって都合のよい正しさを唱えている証拠。**私が話した『正しさ』とは、正義の『義《ただ》しい』。根本的に誰がどう見ても『人としてあるべき判断』のことだよ**」

私は従業員さんとこうした問答をすることが多いのですが、その後、この従業員さんは、自分の仕事を正当化するための「利己にまみれた正しさ」を語っていたことに気づいたようです。

西郷隆盛は「己れを愛するは善からぬことの第一也（自分を大切にしすぎることは、過ちの種になる）」という言葉を残していますが、まさしくその通りだと思います。本来は単純明快な答えが目の前にあるはずなのに、**自分を大切にするあまり、雑念が入って（利己にまみれ）答えが見えなくなってしまうのです。**

では、どうしたら利己にまみれずシンプルに考えられるのか。

答えは、**「軸」を持つこと**だと思います。

軸というのは、いわゆる信念です。信念がないと、何かにつけて簡単に心が揺れ動いてしまいます。

私の信念は「従業員の皆さんを幸せにする」ことです。「従業員の皆さんのことが好きで、皆と幸せになりたい」という強い軸があります。

複雑に考えたり、心がブレたりしがちな人は、軸の中心が「自身の利益」になっているのかもしれません。「利己的な思考」を捨てきれるかどうかが、経営者やリーダーにとって「シンプルな思考」を習得するための最大の難所となるでしょう。

考え方をすぐに変えることは難しいかもしれませんが、そういう人はぜひ自分を最優先ではなく2番目に考えるように意識してください。そうすることで、意外と簡単にシンプルな思考にたどり着けるはずです。

「もし、お金や人間関係などのしがらみが一切なかったら。自分のことは横に置いて、まずは相手の立場で考えたら……」

そうやって「利己的な思考」を1つずつ外していくことで、「何が正しいのか?」という本質を見抜く力が身につき、シンプルに考えられるようになります。

批判に対して「感謝の想い」を持つ

仕事や日常生活の中で、自分の意見を批判された経験は、誰もがあるはずです。他者からの批判は気分がよいものではありません。批判をされて傷ついたり、落ち込んだり、怒ったりすることもあるでしょう。あなたなら誰かに批判された場合、どのような想いを抱くでしょうか？

以前の私は、批判されるたびに怒っていました。社内で新しいことをやろうとすると、一部の従業員さんが陰で批判をするのです。「会社を良くするために提案しているのに、何でわからないんだ」とあからさまに怒りを表現していました。社内では「怖い社長」として、皆から避けられていた時期もあったほどです。

しかし、**100人が100人、全員が賛同する物事など、そもそも世の中には存在しないことに気づき、「批判や反対意見はあって当たり前」と考え方を変えました。**

そうすることで、**実際に批判される場面に遭遇しても、精神的なダメージは非常に小さいものになります。**

そして批判的な意見は、自分に見えない視点からの意見であることにも気づきました。昔は怒りっぽかった私も、今では批判的な意見にこそ、感謝の想いを持つように考え方が変わったのです。

なぜそれほどまでに大きく考え方が変わったのかというと、きっかけがあります。

会社を立て直すにあたり、従業員の皆さんにお願いして「社長である私の評価」を採点してもらいました。上司が部下を評価するのと同じように、私自身も評価される必要があると思ったからです。

すると私の評価は、10点満点中の「1・5」。本当に心が折れるほど散々な結果でした。休みが少ない、人が足りない、言葉が悪い、態度が横柄、話を聞いてくれない、相談しても無駄……など本音がたくさん書かれていたのです。

当時の私を正直に評価してくれたことで、多くのことを学ぶきっかけになったと感謝しています。

この「社長と会社の評価」は現在も行っています。毎年４月に開催する「社員総会」では、具体的に評価結果を公表し、評価の悪かった項目に対して「今年はこの項目を改善します」と皆の前で宣言しています。

宣言することによって、私の本気度も皆さんに伝わりますし、次年度の社員総会で報告する義務が発生するので、１年かけて本気で改善しなくてはなりません。

- **「批判は出るもの」と認識すること**
- **批判に対して「気づかせてくれて、ありがとう」という感謝の気持ちを持つこと**

この２つを常に意識して実践することで、経営者やリーダーとして、人間性が磨かれ、人としての成長へつながっていくのです。

「困難との遭遇」を心から楽しむ

前項で「批判に対する向き合い方」をお話ししましたが、もう1つ持っておくとよい考え方があります。

それは**「困難のないビジネスなどない」**ということ。

どんなに順調に業績を上げているように見える会社でも、トラブルは必ず起こっているものです。そもそも事業や産業というものは、どのようなビジネスモデルであったとしても、起業した瞬間から衰退へ向かっていることを認識しておかなければなりません。

衰退に向かうことがビジネスの本質であり、「トラブルは必ず起こるもの」と認識することで、予期しないトラブルが発生しても、多少の余裕を持った対応が可能になります。

そして、もう１つ困難についてのアドバイスをするなら、**困難は成長できるチャンスでもあります。**

実は、「困難」というものは、今の自身の限界値を少しだけ超えることができれば、**必ず乗り越えられる**ように、世の中の仕組みはできています。

たとえば、「明日、プロ野球選手になりなさい」「明日、宇宙に行って月のかけらを取ってきなさい」といった、今の生活とかけ離れた困難など、よほどのことがない限り降りかからないでしょう。

あなたに訪れる困難は、必ずと言っていいほど、今のあなたが、ほんの少し努力を積み重ねることによって乗り越えられる「成長のための壁」でしかないのです。

ですから私は、**困難が訪れると「成長できるチャンスが来た」と心から喜んで、どうやって立ち向かおうかと楽しんでいます。**

このようにお伝えすると、「困難に打ち勝ってきた勝者」のように見られるのですが、自分が勝者などと思ったことは一度もありません。

むしろ、前職では喫茶店で土下座をするほどの最底辺にいた営業マンでしたし（58ページ以降参照）、経営者人生は10億円を超える借金を抱えたスタートでしたので、まさしく「敗者の人生」であったと言えるでしょう。

ただ敗者だからこそ、**「従業員さんやお客様のために役立つ」「嘘をつかない」「卑怯なことをしない」「挨拶をしっかりする」といった、人として当たり前なことを、一つひとつ大切にしてきました。**

それが結果として、困難を乗り越えることにつながったのだと思います。

困難に一人で立ち向かうこともありますが、たいていのことは、私一人の力では乗り越えられません。従業員の皆さんの協力が必要です。苦しいときこそ、皆を巻き込んでアイデアや意見を集めるのです。

そのときに注意したいのは、前例や実績にしばられて思考を停止させないこと。

突拍子もないアイデアが出てきても、価値があるかもしれないという気持ちで耳を傾けます。

また、苦しいときほど、あえて明るく振る舞うようにしています。従業員さんからは、「どんなピンチでも、社長の口から、マイナスな発言や悲観的な言葉を一度も聞いたことがありません」と言われます。

挑戦するときは無邪気に楽しみ、失敗してもそこから１つでも何かを学び、また楽しんで前に進むことができる環境を作る。

それが経営者やリーダーの仕事の１つです。

「臆病」は前向きである証拠

倒産寸前の会社を立て直したという経歴があるからなのか、私は周囲から、勢いだけで決断と行動をする経営者に見られるようです。

しかし、私は自分自身を「臆病」だと思っています。臆病だからといって何もしないわけではありません。

臆病だからこそ、ライバル会社を分析し、対比表を作って何が課題であるかを洗い出したり、その課題に対する成功パターンをいくつも描いたりします。そして成功するまでに起こるであろうトラブルをいくつも想定し、その対策までしっかり考えます。

私は過去に倒産しかけた経験を味わっているので、二度とあのような辛い想いを従業員の皆さんにさせたくないという強い信念を持っています。

ですので、代表に就任してから、ほぼ毎日、経営についての勉強も、人間性についての学びも継続的に行っています。

平日に遊びに行くことも、お酒を飲みに行くこともありません。飲み会の誘いがあったとしても、よほどのことがない限り、基本的にはお断りをします。また、ブランド物を買ったり、派手な遊びをしたり、豪華な食事を食べたりもしません。

こうした生活を送っていると、周りの人から「あの人は真面目だ」「付き合いが悪い」「ストイックすぎる」などと言われることもしばしばあります。

しかし、私は真面目でもストイックでもありません。むしろ不真面目ですし、遊びたいとも思っています。たまには贅沢もしたいという気持ちも生まれます。

一方で、過去に倒産しかけた残像が常に頭に残っており、少しでも怠惰な仕事をしてしまうと、あのときと同じような環境に一瞬で戻ってしまうのではないか、という恐怖心があるのです。要は臆病者なのです。

そして私は臆病でよいと思っています。

臆病ということは、二度と同じことを繰り返さないために、日々の努力を積み重ねている過程にいるということだからです。逆に臆病でなくなったとき、勤勉さも、仕事に対する意識も低下していくのだろうと思っています。

臆病な人ほど、ゴールや自分の描く理想に対する道筋を真剣に考えている人だと思います。あとは行動できるかどうかだけです。

もし、怖さや不安によって行動に移せないのであれば、一人でやろうとするのではなく、皆に声をかけて、一緒にやってもらいましょう。それが組織やチーム、そして会社というものです。

順風満帆こそ「試練」ととらえる

私にとって最も試練を感じた時期は、倒産寸前だったときではありません。

実は、「今」なのです。

会社の表面だけを見ると、売上が伸び、利益を出すこともできるようになり、従業員さんも増え、Ｍ＆Ａでグループ会社も増えました。

順風満帆で何もかもがうまくいっているように傍からは見える、今、このときこそが、私にとって最大の試練だととらえています。

人は苦しいときほど、その悪循環を断ち切ろうと、日夜努力を続けます。

しかし、苦境を脱して物事が順調に回り出すと、苦労した頃のことを忘れて散財したり、謙虚さを忘れて傲慢になったりすることは、よくある話です。

私は、会社が倒産寸前だった頃、どうやって会社を復活させ、従業員の皆さんの生活を守り、お客様やお取引先にご迷惑をかけないようにするか、再起する方法を必死に考え行動してきました。

しかし少しずつ業績も回復し、高い利益率を維持できるようになってからは、「このまま利益を維持できるか」という危機感と、「お取引先やお客様の期待を裏切らないよう、さらなる成長を目指さなくては」というプレッシャーが襲いかかるのです。

順調な日常は、「弱い心」が育ちやすい環境でもあります。その弱さに染まらない心を持ち続けることは、経営者やリーダーにとって大きな試練です。

「成功は苦しいときに訪れて、失敗は順調なときに現れる」という言葉が示すように、順調なときこそ罠にはまらないように、私は次のことを心がけています。

●危機感を持つ

順調なときでも、「どこかに落とし穴があるのではないか？」と、常に危機感を持っています。ここで大切なことは危機感と不安は別のものだということ。

危機感は対策を考え、解決する方向につながりますが、不安は漠然と「どうしよう」と感情的になるだけで解決策にはつながりません。私は危機感を持っていますが、不安は一切ありません。

・コストを見直す

順調だからといって、通常取引でかかるコストをそのままにしてはいけません。全ての費用がベストなわけではないと常に意識を切らさず、コストの見直し、改善を全員で行います。

・順調なときほど意見を聞く

利益が安定し、人も増え、職場環境も落ち着いてくると、少しずつ危機感が希薄になり、誰も何も言わなくなります。

だからこそ、順調なときに上がってくる意見やクレームのほうが、苦境のときの意見よりも何倍も大切です。また自らも「何か問題はないか」「何か困りごとはないか」と現場に足を運び、意見を集めることです。問題意識を持って提案してくれた意見にはきちんと耳を傾けて、改善する必要があればすぐに対応をします。

●勉強を続ける

私は倒産寸前の苦難を知っているので、二度と味わいたくないという想いが染みついています。その怖さは今も消えるものではありません。

だからこそ経営の勉強を続けています。本を読む、セミナーに参加する、大学に学びに行くこともしています。

経営危機など困難に直面したときの苦労は、それはそれで大変なものです。

しかし一方で、**順調な時期がきたら、勤勉に、誠実に、さらなる磨き上げを行う期間なのだ**と心得ておくとよいでしょう。

周囲を変えたければ、自分の言動を変える

「会社の雰囲気を変えたい」
「皆の仕事に対する意識を上げたい」
業績が傾いたり、社員の士気が下がったりすると、こういった悩みを抱える経営者やリーダーも多いのではないでしょうか。

変わらない社員や部下に対して、いつまでも「自分は間違っていない」という利己的な考えを持っているとしたら、会社も社員も永遠に変わることはありません。

経営者やリーダーが「皆に対する接し方や言葉遣いが悪いのかもしれない」と自分の想いを見直すことで、驚くほど速やかに、周囲を変えることができるのです。

具体的には、私が社会人として新人だった頃に教えられたことにさかのぼって説明

しましょう。

土下座をしても売れなかった底辺営業マン

私の社会人人生は、リゾート会員権の営業というフルコミッションの仕事から始まりました。

大学時代にネットオークションでスニーカーを販売し、月に数十万円という売上を上げていたこともあって、社会人になればもっと簡単に稼げると思っていました。

ところが、意気揚々と入社したにもかかわらず、まったく売れません。

報酬は完全歩合制の会社なので、最初の3カ月間は研修期間としてお給料をいただきましたが、それ以降は結果を出せなければゼロ。3カ月の研修期間を終えると、同期は続々と結果を出し始めたのですが、私だけが契約を取れない日々が続きました。

もちろん教育係の先輩にも営業の指導をしていただきましたし、自宅に帰れば妹を相手にセールストークの練習をし、それをビデオカメラに録画して何度も分析しました。営業や心理学の本を読み、営業セミナーにも通いました。

完全歩合制のため、会社までの交通費すら捻出できない状況になり、平日の終業後にはアルバイトをして交通費を稼ぎ、１〜２時間だけ寝て出社。土日になると、自腹で電話ボックスから新規営業先に電話をかけていました。

というのも、会社から支給されていた携帯電話は、まだ通話料が高かった時代ですから、営業として結果を出していない自分が、会社の費用を使うことに対して申し訳なさを感じていたのです。

夜しか会えないというお客様もいたので、夜中に会いに行き、終電もなくなって電話ボックスで寝たこともありました。

とにかく早く売上に貢献したい。
早く会社に「恩返し」がしたい。

そんな意識が強かったのだと思います。私は「同期よりも俺のほうが何倍も頑張っているはずなのに、なぜ契約が取れないのか」と疑問に思い、同期に対して恨みのような感情を抱いたときもありました。

現代では考えられませんが、当時の完全歩合制の営業職というのは、数字が上がらなければ人として扱われないような時代でした。会社に行くたびに、先輩たちから「何しに来てんねん。会社の経費ばっかり使って。いい加減に辞めろよ」などという暴言は当たり前でした。

結果を出せないまま3カ月が過ぎた頃、周りからの罵詈雑言やプレッシャーに心が折れかけていたのでしょう。

私は営業部長に「今日、アポイントが3件取れています。1件も契約が取れなかったら辞めさせてください」と退職届を出し、営業先に向かいました。

退職届を出そうが魔法のように変わるわけはありません。当然1、2件目は断られ、最後のアポイントを迎えました。

駅前にある喫茶店でお客様とお会いし、２時間半ほど商談をしたのですが、

「この契約が取れなかったら、今日で会社を辞めることになるんです。何とかお願いできませんか」

と、とっさに土下座をしたのです。

喫茶店ですから周りでは多くの人が歓談をしています。そんな中、若造が一人土下座。さぞかし滑稽な光景だったことでしょう。お客様は困り果て「やめてください。でもお受けできません。すみません」と喫茶店を出て行かれました。

恥を忍んで土下座をしても逆転の奇跡など起こるはずもなく――。

帰り道の電車の中では、「これだけやっているのに、何で報われないのだろう」と悔しさがあふれ、所かまわず泣いていました。

会社に戻ると、退職届を出したことを知っている同僚たちから声をかけられました。ボロボロ泣く私を励ましてくれるのですが、余計に腹立たしくなってしまい、「こんなに頑張っているのに」と感情的に返したことを覚えています。

自分を認めてくれた営業部長に救われる

もう退職するしかないと、改めて営業部長に話をしに行ったところ、部長からこう言われました。

「あと1カ月だけ頑張ってみないか。どうせ辞めるなら、1カ月先でも一緒だろう」

入社してから3カ月、会社に対して何の貢献もできていない私を引き留めようとする部長の言葉には、正直なところ驚きしかありませんでした。

そして部長は、翌日から直接、私に営業の仕方を仕込んでくれたのです。数カ月後、最終的に私はトップセールスに上り詰めました。

実は、部長が教えてくださったことは、それまで私の教育係であった先輩から教わったことと、それほど大きな差はないのです。

しかし、決定的に違ったことが1つだけあります。

それは「**私の心**」です。

教育係の先輩から教わっていた頃は、先輩に「お前もそろそろちゃんとやれ」と言われ、私もカッとなって、先輩のアドバイスを素直に受け入れず、拒絶ばかりしていたのです。それでは成長できるはずもありません。

仕事がうまくいかない原因は、「素直な心が欠けていた」ことにあったのです。

部長は、まず私という人間を認めてくれて、「君なら必ずできる」と褒める言葉だけをかけ続けて指導してくださったのです。

私は、部長に褒められることによって、やる気が湧いてきただけでなく、部長のために今まで以上に頑張ろうという想いが生まれました。すると、アドバイスも素直に受け入れ、真剣に考えるように変化していったのです。

人は、寄り添ってくれる誰かがいると、「まだ頑張ろう！」という勇気が湧いてきます。

部長は私を変えようとしたのではないと思います。部長自身が、これまでの教育係であった先輩と違う方法で、私と接してくださったのです。

その接し方によって、私は「部長の優しさに応えたい」「自分が変わろう」とスイッチを入れることができたのです。

この経験は、今も私の考え方の基礎となっています。

「会社を変えたい、組織や人を変えたい」と願うのであれば、まずは自分の言葉と行動を振り返り変えることが第一歩だと、いつも心に留めています。

相手に対する接し方や言葉を変え、寄り添うことで、周りも触発されて驚くほどの変化が生まれるのです。

実践してこそ学びになる

会社は、たくさんの人が集まる組織のため、大きく分けると「仕事の方向性を考えて指示を出す仕事」と、「その指示されたことを行う仕事」に分けられます。

今、会社で働く多くの人は、前者の「考える仕事」を、経営者やリーダーなど限られた人たちの役割であると考え、後者の仕事は「指示されたことを確実にやるだけでよい」と完全に割り切って考えているのではないでしょうか。

その背景には、「個人が独自に考えて勝手なことをすれば組織が崩壊してしまう」「自己判断で進めると迷惑をかけるかもしれないからやめておこう」といった少し間違った遠慮しがちな考え方があるようです。

しかし、それが行きすぎると単なる傍観者になってしまいます。

つまり、皆にとってよいことと認識していても「何も意見を言わないでおこう」と考えてしまい、自分の仕事以外の出来事は、全て他人事のようにとらえる傍観者になってしまうのです。

会社で働く以上は、「全ての仕事が自分たちの仕事」という責任感を持つべきですし、日々、創造的な仕事をするべきだと私は考えています。それが、**「昨日よりも今日のほうが成長できた1日だった」と言える生き方**につながります。

では、どうしたら「昨日よりも今日のほうが成長できた1日だった」と思える生き方ができるのか。それは**「実践と反省」つまり「行動と振り返り」を徹底すること。**

そして、**仕事で上下優劣をつけない**ということです。

仕事をすると、いつの間にか上下関係や能力の優劣がついてしまいます。しかし、本来は「与えられた仕事」という本質しかないはずです。その本質を正しくとらえている人は、どのような環境であっても、仕事に対して誠実に向き合うことができる人なのです。

本章では、創造的に働くための思考について話しました。「そういう考え方もあるな」「よい話だけど自分には無理だな」と流す方もいれば、「自分もやってみよう！」と実践する方もいらっしゃるでしょう。

「知ること（知識）」は努力を重ねなくても可能ですが、「すること（実践）」は必ず努力が必要となります。実践するところまでが本来の「学び」であることを改めて知っていただければ幸いです。

学んだことを仕事や実生活で実践してこそ、学んだことの本質がわかりますし、たとえ失敗したとしても大きな経験を得ることができるのです。

ぜひ、今日から「学ぶ」だけでなく「実践」へ移していきましょう。

第1章のまとめ

★ 仕事がうまくいかないときに、改めるべきは「やり方」ではなく「考え方」。「考え方」を変えると選ぶ道が変わり、未来を変えることができる。

★「過去に経験がないこと」こそチャンス。70％成功することが想像できれば、決断して前に進もう。

★ 仕事で最も大切なのは、利己的な考えを捨てて、誰がどう見ても「人としてあるべき」判断を下すこと。

★ 臆病はよいことである。臆病な人ほど、ゴールや自分の描く理想に対する道筋を真剣に考えている。

★ 成功は苦しいときに訪れて、失敗は順調なときに現れる。順風満帆なときほどさらに自分を磨き上げよう。

★ 他人を変えたいと思ったら、まずは自分の言葉と行動を振り返り、変えることから始めよう。

★「昨日よりも今日のほうが成長できた1日だった」と言えるように、学びを実践につなげていこう。

第2章

「人の成長」をどう促すか？

「人」という大きな樹を育てる

人材育成は、どの会社にとっても大きな課題です。入社してくれた社員一人ひとりが活躍できるようになるまで、多大な時間とコストをかけて、その成長を会社がサポートしなくてはなりません。

やっと一人前になったと思ったら退職ということも多いようです。厚生労働省の2024年の発表によると、新卒者の3年以内の離職率は、高卒者で38・4%、大卒者で34・9%とあります。

新入社員3人のうち1人が3年以内に退職するわけですから、会社側も憂慮すべき事態でしょう。

それでも人を育てることに手を抜いてはいけません。

私は、**人の成長とは、樹木のようなもの**だと考えています。

樹木には、幹（茎）、葉、花、実など目に見える部分と、土に埋まった根といった目に見えない部分があります。

おいしい果実を採りたいからといって、果実ばかりを気にかけていても大きなおいしい実を育てることはできません。根にしっかりと栄養と水を与えなければ、おいしい果実はいつまで待っても絶対に実らないのです。

人も同じです。

仕事の中で、目に見える部分は知識やスキルで、見えない部分は思想や哲学にあたります。

知識やスキルだけを伸ばして、形だけをつくろって結果を出したとしても、決して長続きはしません。なぜなら、それは真の人材育成とは言えないからです。スキルだけを伸ばす育成は、樹木に接《つ》ぎ木をして無理に伸ばしているようなものです。

普段、根は土の中に隠れているのでわかりにくいですが、目に見えない部分、つまり、どのような「考え方」で仕事に取り組んでいるかが大切だということです。

人材育成の本当の意味とは、根にあたる「その人の思想や考え方」に、会社の理念や哲学という栄養を与え続け、**経営者の想いに共鳴すること**です。

そして会社や経営者の想いに共鳴したとき、自分に与えられた仕事の意義が理解でき、その人の成長速度は一気に加速するのです。

人材育成において知識、技術、スキルを伸ばすことはもちろん大切なことですが、それよりも、**会社や経営者の想いに共鳴して、自発的に成長していく人を増やすことが、会社の未来にとってはもっと重要なことだと思うのです。**

仕事への情熱を持つ、本物の仲間を探す

前章で、「会社の困難を乗り越えるには、従業員の皆さんの力が必要」という話をしましたが、これは、私自身が実際に経験したことです。倒産する直前から会社再興への厳しい道を乗り越えていくには、全員の力が必要でしたし、沈むような泥船に乗っていただくためには、皆が納得できる人事面での改革が必要不可欠でした。

私が社長に就任したときの従業員数は25名。倒産危機の噂もあって、そこから短期間で３分の１が退職していきました。

先述の通り、会社再興のための資金作りとして、役員報酬ゼロ、家族を解雇、資産を現金に換えるといった対策を行いましたが、それと同時に行ったのが「従業員全員

の役職リセット」でした。

従業員の皆さんには、「給与は1年間は据え置きですが、部長、課長、係長などの肩書きをいったんリセットし、全社員の立場を一律で同じにします。そして業績回復のために貢献してくれる人、想いの強い人が誰かを見極め、1年後に改めて役職者を選出します」とお伝えしました。

このような強烈とも思える改革を行ったのは、**倒産寸前の苦境を一緒に乗り越えてくれる、本物の仲間を見極めたかった**からです。

私は全員から批判を受ける覚悟で、改革の第一手として「役職リセット」を告げたのですが、何の音沙汰もなく2週間が経過しました。

私は、もう一度全員を集めて、こんな話をしました。

「役職をリセットしたことに対して、なぜ誰も苦情を言いに来ないのか。**役職という**

ものは、長年あなたたちが積み重ねてきた実績と社内外の人たちからの信頼が『役職』という形となって個人に与えられているるのです。それを私の一言で簡単に奪われたのに、何も疑問に思わず受け入れられるのは、自分の役職に誇りがない証拠だ。そのような役職ならあってもなくても一緒です。先日、お伝えした通りリセットします」

厳しい言葉を投げかけたと自分でも思いますが、役職に就任することの本当の意味を知ってほしかったのです。役職は社歴が長いだけで与えられるものではありません。その後、「社長の言葉で役職とはどういうものかわかりました」「僕も役職者を目指すことにしました！」と言ってくれる人も出てきました。

それから1年後、役職だった人が元の役職に復帰できた割合は半分くらいです。若手が役職者として抜てきされた部署もありました。

では、どのような基準で人選を行ったのか。私が基準とした3つのポイントを紹介します。

①逆境に対する姿勢

逆境や困難なときこそ、その人が持つ本質が現われます。経営者が推進する新たな事業に対して、数多くの不安がある中でも積極的に協力し、会社の再興に向けて挑戦していく姿勢があるかどうかを評価しました。

②周囲からの評価

見えている部分だけで人を判断してはいけません。本当に頑張っている人の評価は、関係する人を通して必ず情報が入ってきます。ですので、社内を回り多くの人と会話を重ね、私が見えていない情報を集めて正しく評価することを心がけました。

③勤勉の意識

会社が苦境に立たされたとき、自由参加型の社内セミナーを毎月開催しました。「社長塾」という名称で、従業員の皆さんに仕事をする上で知ってもらいたいことを伝える場という位置づけです。

この出席率を見ました。自由参加型なのに出席の有無が関係するのかと矛盾を感じた方もいるかもしれませんが、重要なのは出席の有無ではなく、**会社が危うい時期に、何か１つでも学ぼうという勤勉の意識を持っているかどうか**です。

傍観者であるのか、それとも社長と共に学び、その学びを現場で実践し改善していこうという意識があるのかどうかを評価しました。

このように私は、スキルや成果よりも「その人の情熱」を見ていたように思います。**仕事の原理原則を考えたときに、ベースとなるのはやはり情熱や一生懸命さです。**

「ただの根性論」に思われてしまいそうですが、そうではありません。情熱と一生懸命さは、**「真剣に仕事に向き合うか」という仕事の原点**なのです。

仕事における最も大切な原点に沿った行動を見せてくれた人たちを私は役職に抜てきしました。

スキルよりも情熱が大事という仕事の原理原則は、今も持ち続けています。

「従業員教育」で伝えなくてはならなかったこと

業務改善や社内改革を行いたいと思ったときに、外部のコンサルタントに依頼する会社も多いかもしれません。私も、社長に就任して2年目に、大手コンサルタント会社に従業員教育を依頼したことがあります。

しかし結果は大失敗でした。コンサルタントは、私たちの業界や製造現場の実情を理解していなかったからです。机上の空論ばかりを述べ、アドバイスも現実的なものではなかったのです。逆に現場は混乱し、多くの従業員さんから苦情が出ました。社内をよくしたいと願い依頼したはずが、逆に雰囲気が悪くなってしまいました。

業界や現場を本当に理解しているのは、コンサルタントではなく会社で働く人たちです。外部には頼らずに、**自分たちで人を育てていこうと「社長塾」を開くことにし**

ました。

月１回開催する「社長塾」は、現場のリーダーと共にテーマを決め、まずは「**会社の数字**」に対する勉強を行うことに決めました。

従業員全員が数字に対する意識を持ち、仕事を感覚ではなく数字で話せるようになる必要があると現場のリーダーと話し合い、決算書の読み方、経費の使い方、原価や利益に対する考え方、時間の使い方などを学びました。

経営者や部門リーダーの想いを理解してもらうために、社長塾で伝えたいことは、私が資料にまとめるようにしました。

大企業であれば、資料を作成するような担当者が資料作りを行うのかもしれませんが、余裕がない中小企業では、資料作りやセミナーの開催も社長が主導してやるべきです。

自分たちで作った資料は、現場の声も反映していて、皆も納得しやすくなる特徴があります。

「社長塾」という自分たちで手作りしたセミナーの甲斐もあって、短期間で収益性が高まり、会社は少しずつ復活を遂げていくことができました。

しかし、このときの私は**「数字よりも大切なこと」を見逃していた**のです。皆の生活を守りたいという一心で「社長塾」を始めたはずなのに、気づけば数字が全てのものさしになっていたのです。

私はいつしか数字ばかりを追いかけて厳しい口調で話すようになり、**「従業員さんの顔を見て話す」という大切なことを忘れていました。**

当然、従業員さんは、次第に私と話すことを恐れ、避けるようになっていきました。退職者が増え始めても、私は数字だけにとらわれており、皆の気持ちに気づくことができなかったのです。

従業員さんの死によって気づいた「生き方」の大切さ

全ての打つ手がうまくいき、会社の業績が伸びたことで、私自身も相当な天狗になっていたのでしょう。その天狗の鼻をへし折られる事件が起こりました。

役職をリセットした際に、最古参の従業員さんである工場長に「業績の回復には若い力を中心に一気に進めたい、どうか理解して工場長を降りてほしい」とお願いしたのです。

この工場長は祖父の代から勤めてくれていた方で、私も小学生の頃から知っていました。私が代表に就任したとき、定年まであと10年ほどというベテラン社員でした。役職をリセットしても、退職金で恩返しをするつもりだったので、「退職するときによかったと言ってもらうように約束するから！」と説得しました。本当に、退職金で恩返しをしようと私自身、強く心に誓ったのです。

しかし、それから3年後のある朝。その方が出社して来なかったのです。お酒が好きな方で深酒をしてたまに遅刻をすることはあったのですが、たいてい1時間後くらいには出社されていたので、最初は気にしませんでした。

しかし、1時間たっても出社せず、何度、電話をかけてもつながりません。嫌な予感がよぎりました。

急いで営業責任者と共に自宅まで行き、呼び鈴を押しても反応なし。車はあったので在宅しているはずだと思い警察を呼ぶことにしました。警官が2階へ上り窓を割って中に入りました。しばらくして窓から顔を出し、私たちに告げられたのです。

「お亡くなりになられています」

警官が下りてきて玄関の鍵を開けてくれました。家の中を見ると、足の踏み場もないほどのゴミであふれた、いわゆるゴミ屋敷です。

元・工場長は独身でお酒好き。人付き合いが苦手だったので、社内でもゆっくりと腰をすえて会話をするのは私くらいでした。

それなのに私は何も知りませんでした。

従業員さんの一人がこんなに苦しい生活を送っていたなんて――。

「退職金」という未来の幸せを保証したことで満足していた私の人間性の低さと、私が言っていた「従業員さんの生活をよくする」というのが全て絵空事であったことを、痛感させられました。

そして、何もしてあげられなかったという大きな後悔だけが残ったのです。

その後、会社に戻ると、彼のご逝去を伝えると共に、私は号泣しながら「経営者として間違っていました」と従業員の皆さんに謝罪しました。

この事件をきっかけに、数字にとらわれていたことに気づき、皆にとっては未来の保証よりも、今、幸せで充実しているかが生きる上で最も重要なことだと改めて気づきました。

毎日が充実し、輝いて生きること。その「生き方」こそが何よりも大切。

この日、私は本気で「人を大切にする経営」を志すことを決めたのです。

「フィロソフィ」で人間力を磨く

「人を大切にする経営をしよう」と心に決めたものの、それまでは数字の鬼だったのですから、そんな簡単に信用されるはずもありません。そこで、行動で示そうと思い、毎朝、玄関の掃除をすることから始めました。出社する皆に「今日から毎朝、掃除をしよう」と声をかけました。

それから、もう1つ始めたことがありました。「朝礼」です。以前からも形だけの朝礼は行っていたのですが、きちんとした朝礼をしようと思ったのです。

当時、私は、盛和塾（京セラ創業者・稲盛和夫氏から学ぶ経営者の塾）に所属しており、そのご縁で四国のとある会社の社長の講演を聞く機会がありました。

その講演で**「従業員の皆さんとしっかり対話をする」「朝礼をしっかり行う会社は必ずよくなる」**というお話を聞きました。

元・工場長の死を目の当たりにし、正しい経営を行いたいと思っていた私は、よいものは何でも取り入れようと考えたのです。

もともと朝礼では、稲盛和夫氏の『京セラフィロソフィ』の輪読を行っていました。『京セラフィロソフィ』とは、稲盛氏が創り上げた仕事や人生における経営哲学で、京セラをはじめ、さまざまな企業で取り入れられているものです。

ところが輪読の朝礼を始めて３カ月が過ぎる頃、ある女性従業員さんから「朝礼に不満が飛び交っている」という話を聞き、どのような不満が出ているのかを教えてほしいとお願いしました。

すると、「社長は普段から勉強されているから、本を読むことが苦痛ではないかもしれません。でも慣れていない私たちにとっては、言葉が難しいし、文字も小さくて、何も頭に入りません」と言われたのです。

しかし、その当時は「わからなくても読んでいくうちにわかるようになるから、朝礼での輪読は絶対です」と、一方的にその方の意見をシャットアウトしていました。ですので、皆も不満を持ちながらダラダラと形だけの朝礼を続けていたのです。

ただ、その先輩塾生の講演を拝聴したことで、朝礼の仕方を変えるべきだ、と改めて気づいたのです。同時に、皆のことを考えずに、自分勝手に物事を進めていたと反省するよい機会になりました。

従業員さんと共に作るフィロソフィ

それならば、従業員さんの目線に立ってわかりやすいフィロソフィを作るのはどうだろうかと、製造部の若手リーダーに白羽の矢を立てました。

彼は、亡くなった元・工場長に代わって製造責任者になった若きリーダーで、現場の声を私に伝えてくれる役割を担ってくれました。

彼と何度も意見交換をし、従業員全員が学ぶ教科書としての「フィロソフィブック」を作りました。内容には**「人として何が正しいのか」、「仕事をする上で大切な『考え方』『生き方』」などを盛り込みました。**

フィロソフィブックの1版目は、読みやすいように文字を14ポイントの大きさにして、表現も小学生でもわかるような言葉をあえて選択しました。

さらに1ページの文字数を少なくして150文字程度に収まるように工夫をし、50ページくらいの本にまとめました。「これなら読めます」と好評をいただきました。

それを2年間、朝礼で使用し、読むことに慣れてきたら、2版目以降は、文字のサイズを小さくして、文字数も増やして少しずつ無理を感じない程度のリニューアルを行っていったのです。

現在は、1ページの文字数は320～400文字で、文字の大きさも11ポイントと普通の書籍のようになっています。そして、以前と違って皆も普通に読むことができるようになりました。

このフィロソフィブックは、社内の有志6名と共に長い時間をかけて作りあげたものです。

読みやすいフィロソフィブックを作って配本しても、輪読に抵抗を示す従業員さんもいましたし、「フィロソフィに書いてあることが、社長もできてないですよね」と強く批判されることもありました。

しかし、「**私自身ができていないことは、私が一番自覚しています。だからこそ、皆と共に学び続けているのです。できているようなら学ぶ必要はありません**」と自身の学びの浅さを認め、決して反論しないように心がけました。

朝礼を批判し、輪読をしないと言う従業員さんもいました。

そのような方に対しては、「私は皆と幸せになりたいと思っているからやる。君がやりたくないならやらなくても問題はありません。その代わり、**やろうとする人たちを決して批判はしないでください**」と伝えていました。

従業員さんに批判されたからと言って、ムキになって声を荒げたり、朝礼を辞めたりすると、「社長は本気で変える気がなかったんだ」と思われてしまいます。だからこそ、どのような批判が出たとしても、私は「やる」ことを貫いたのです。

批判する人の声は目立つものですが、**朝礼やフィロソフィの輪読に賛同してくれる人が6割を超えると組織が変わり始めたように感じました。**そうした変化を感じるまでは、徹底して信念を貫くことが重要だと学んだ事例でした。

フィロソフィブックを作った経験は、従業員さんの目線に立って考えることを教えられた出来事です。それ以降も、従業員さんの目線で伝えること、物事を進める際には皆の意見も聞くことを心がけています。

フィロソフィが会社を変える

私のもとに相談に来られた経営者に向けて、「御社のフィロソフィを作りましょう！」と勧めることがあります。

そして、興味を持った方には、当社のフィロソフィブックをプレゼントし、フィロソフィを作るにあたっての注意事項や、起こり得る批判と対処法などを具体的にお伝えするようにしています。

それでも「失敗しそうだからやらない」という選択をする経営者が90％以上です。しかし、**「失敗も承知の上でとにかくやってみる」と覚悟を決めた経営者は、やり続けることで「会社の雰囲気がよくなった」「共感して動いてくれる人が出てきた」**とおっしゃってくれます。

トラブルの解決、社員の意識の向上、退職率の低下といった成果を聞かせていただくこともあります。

会社を変えたいという想いでフィロソフィを作り、朝礼で輪読する。その道の途中で批判された場面も、理解してもらえない場面もありました。しかし、「やりきる覚悟」を抱いたからこそ、今日までやり続けることができました。

開始から10年以上が経ちますが、今も従業員の皆さんと共に、**フィロソフィを通し**

て「人間力」を磨いています。

ちなみに冒頭で、「玄関掃除を始めた」という話をしましたが、その後どうなったのかというと……従業員さんが１人、２人と手伝ってくれるようになり、「皆でやりましょう」という流れになりました。

今では当番制で毎日掃除するのが日常となっており、このことも、皆が変化した証拠と言えるでしょう。

目標を達成する意識の高め方

多くの会社では、年度初めなどの節目に、仕事の目標を社員一人ひとりに立ててもらうことが多いでしょう。一言で目標と言っても、人によっては「〇〇を頑張ります」といった曖昧な内容もあると思います。

当社でも、「売上を10％伸ばします」という目標を掲げた営業マンに、「どうやって10％伸ばすのか詳細に説明してください」と尋ねると答えられない人もいます。

具体性がなく、数値で客観的に判断できない目標は評価しにくいものです。**誰が見てもわかるように明確な数字で目標を立てることが大切**なのです。

では、どうやって目標を立てるのか。その目標をどうやって達成するのか。

私は社長1年目のときに、社内改革の1つとして、**目標を達成する意識を身につけ**

てもらうことを重視しました。

まずは、「**１００％達成できる簡単なことを1年の目標にしよう**」と告げました。

ここでのポイントは数字を使わないこと。コストや売上、出来高など数字に関する目標ではなく、日常的な行動目標です。

たとえば「毎日挨拶をする」「部屋を出るときには電気を消す」「ゴミを見つけたら拾う」「遅刻をしない」など、一見、誰にでもできるような簡単な目標です。

当然、従業員さんからは「そんな簡単な目標でいいのですか？」と不思議そうに尋ねられました。それでも私は、「こんな簡単なことでさえ、1年継続するのは難しいから、やってごらん」と答えました。

そして1年後。１００％達成した人は2人しかいませんでした。1年間を通して目標を１００％達成することがいかに難しいか、全員が痛感した出来事だったと思います。

私はこの結果を公表し、「日常的なことでいいから、1年通してやり続ける力をまずは身につけよう！」とそこから数年間、業務に関する目標を作らせませんでした。
余裕のある会社ならまだしも、倒産寸前の会社の社長がそのようなことを言うのですから、従業員の方々にとっても驚きますよね。

簡単なことから、目標を達成する意識を高めていくことで、達成率は必ず上がっていきます。業務に関する目標を立てるのはそれからです。まずは**簡単な目標を立て、数年にわたって目標に対する意識を高めることが優先事項**だと考えたのです。

しかし、2〜3年も継続すると、簡単な目標すら達成できないと報告し続ける人が出てきました。そういう方には目標の意味を知っていただきたいと思い、少し厳しい言葉で次のような話をしました。

「皆さん、目標の意味を正しく理解していますか？　目標はこうなれば良いなぁ、という想像の世界の話ではなく、会社に対して『私はこれを今年度やります！』と自ら宣言した約束なんです。2年も3年も『達成できませんでした』と平気で約束を破り続ける人は、会社から見て信頼できる人でしょうか？　自分の友達に置き換えて、一度よく考えてください」

ちなみに、目標に対する意識が途切れないようにするには、各部門のリーダーのサポートも重要です。

私は、定期的に現場に出向き、各部門のリーダーたちに「目標を意識するように声がけをしているか」と確認したり、従業員さんへのメルマガで意識を促すような発信をしたりするなど工夫をしています。

また、各自で目標を記入する「目標シート」にも工夫があります。目標を書くだけでなく、本人の顔写真を載せることで「自分の目標シートである」という意識が格段に高まります。

そして、目標シートをまとめた冊子にして全員に配り、目標を共有し合うのです。それによって皆で声をかけ合うこともできます。

おかげさまで現在は、全員の目標に対する意識が向上し、数字を目標に入れられるまでになりました。次年度の目標は、経営者、リーダー、従業員さんの三者で話し合い決めていきます。

大切なのは、従業員さんに丸投げするのではなく、経営者がリーダーと従業員さんとの対話を重ねて、共に目標作りに参画することです。

従業員の皆さんに目標を達成する喜びを知ってもらいたいと願い、長年にわたってさまざまな工夫を取り入れ、改善を繰り返してきました。

それでも、年間を通して目標を達成できる人は少しずつしか増えていきません。しかし、達成する率は着実に上がっていきます。

経営者やリーダーは部下の成長を急いでしまうものですが、急な変化を望んではいけません。

たとえ歩みが遅くても、部下の成長に寄り添うリーダーのもとでしか、人は成長しないと思います。

経営者が重視すべき部署とは？

会社は多くの部署が集まり、それぞれの専門性を生かし、相互に協力し合って成果を出していきます。各部署では、皆自分たちの仕事が一番だというプライドを持って仕事をしているはずです。

中には、その成果を認められ、取締役さらには社長へと抜てきされる方もいらっしゃるでしょう。そういう方は、自分の出身部署の仕事に理解がある分、営業出身の方は営業に、製造出身の方は製造に特別な思い入れを持つ人も多いと思います。

では、私はどうなのかというと、前述の通り私は営業職の出身です。だからといって営業を優遇するかというと全くの逆で、むしろ営業部に対して最も厳しく、そして事細かに接します。

なぜなら、**営業は会社の代表としてお客様に会いに行く、「会社の顔」**だからです。

営業は、会社の業績を左右する、最も重要なポジションにあると考えています。営業部が生み出す売上の中からしか、全従業員の給与や会社の運転資金を生み出すことができません。そうした責任が営業部には託されているのです。

だからこそ、営業部に対しては特に事細かに教育を行います。

挨拶の仕方はもちろん、言葉の語尾の発音、返答の仕方、メールの文面まで。ときには、言葉1つに何百回と発声の練習をしてもらって、「スポ根の運動部に入ったかと思いました」と言われたこともあります。

このような指導を「昭和的」と思う方も最近は多いかもしれませんね。

しかし、社会に対して商品をお届けし貢献するためには、販売店の皆さんにその商品を信頼していただかなくてはなりません。

そのためには、**営業担当者が、まずは「人」として信頼されなければならない**のです。営業マンが信頼されなければ、商品は流通しません。流通しなければ売上が減少し、給与や運転資金も確保できず、いつか資金が枯渇し倒産へとつながってしまいます。

それほど重要な責務を担っているのが営業マンなのです。

次に、私たちのような製造企業は製造部門を大切にしなくてはなりません。たとえば製造部のトラブルで納期が延びることがあっても、営業部は「自分たちのミスでトラブルになってしまいました」と、最後まで製造部を守るように伝えています。もし「製造部のミスで」などと伝えたら、もの作りの会社としての信用は失墜するからです。

また事務でトラブルがあったとしても、営業は「事務のミスで」と言ってはいけないと教育しています。「自分の伝え方にミスがありました」と総務部を守るのです。書類の不備は、「請求額や単価が合っているのか？」など、取引自体の信用性も疑われることになります。

このように営業部は、会社の全ての部署を守り、会社の代表としてお客様やお取引先の矢面に立っているのです。さらに売上という会社を運営するための原資も確保しなくてはなりません。

営業という職種は、その自覚を持って自身を常に磨き続けていく必要がある。そのことを経営者が直接、伝えなければならないのです。

だからといって、**各部署に上下関係はありません。**

重視すべき部署はあっても、そこに優劣など存在しないのです。たまに「売上を上げる営業が偉い」と勘違いする人もいますが、これは完全な勘違いでしかありません。

冒頭で述べた通り、**それぞれの部署が相互に協力し合って会社は成り立っている**のです。1つの部署が利己的な考えに陥らないように経営者は部門間の関係性とバランスに注意が必要なのです。

人を正しく評価し「見える化」する方法

会社が従業員さんを評価し、給与を決める。これは、どの会社でも行われる人事評価です。「会社と社員の双方が納得する給与査定とは何か?」と、あらゆる経営者と管理職が頭を悩ませていることでしょう。

なぜ悩むかというと、**人は感情を持つ生き物だからです。**

本来、人事評価とは全ての従業員さんに対して平等に行うのがルールであり、決して好き嫌いや、個人的な感情で評価したりしてはいけないのです。

当社も、私が代表になるまで人事評価や給与規定という制度自体がなく、世の中の中小企業に多い「社長のさじ加減」で昇給や昇格が行われていました。

しかし、会社が倒産するかしないかの瀬戸際に残ってくれる従業員の皆さんのためにも、頑張った人が正しく評価されるシステムを構築しなければと考え、感情的な評価にならない昇給昇格の規定を自分で作ることにしたのです。

最初は点数制にしたり、他部署の部門長の評価を入れたり、いろいろな取り組みをしましたが、どれも納得できるようなものではなく、従業員の皆さんにとってもわかりにくい内容でした。

ですので、面談を行う中で、「どう書いてあったらわかりやすい?」と意見を聞き、その度にブラッシュアップを行いました。約10年をかけてやっと現在の形の、誰が見ても客観的で、平等な給与規定が完成したのです。

昇給昇格の規定がある会社は多いと思いますが、作って終わりではなく、私は「それをどう生かすか」が重要だと考えています。

年1回の社長面談を通して、従業員の皆さんが、自身の仕事をより深く考える機会を与えるものにしたかったのです。

そのために私は、エクセルで従業員一人ひとりのカルテのような、「個人面談シート」を作っています（１０５ページ参照）。入社以来の給与の推移をグラフにしたり、社内での職歴を表にしたりして「見える化」し、従業員さんも理解できるよう「わかる化」しました。

シートの中には、今期と次期の給与の差額を見やすく算出した図もあります。昇給した分の価値を、次期の仕事でどう生み出すのか面談で話し合うのです。

また、当社では、賞与に大きな差をつけています。

賞与を支給する際には、半期の振り返りと業績についての手紙を添えているのですが、毎回、手紙の一文に次のようなことを書いています。

「賞与とは利益の配分であり、全員が平等に受け取れるとは考えてはいけません。日頃の取り組み方によって差がつくことは当然なのです。多いと感じた人はきちんとした理由がありますし、少なかった人には相応の原因があるのです」

たくさん支給される人がいる一方で、少ししか支給されない人ももちろんいます。少ないと当然、不満や怒りの感情を持つでしょう。

過去には査定に納得できない人が、涙ながらに直訴しに来たこともありました。そういう人には、自分に何が欠けていたのかを、きちんと考えてもらいたいので、必ず「次期の君の課題はこういう箇所ですね」と明確に反省してほしい点を伝えるのです。

私は、不満を持って終わるのではなく、成長して取り返したいと思うのであれば、ぜひ直訴に来てほしいと願っています。不思議なことに、過去、私に直訴しに来た人は全員が大きく成長しています。

逆に問題なのは、直訴に来ないパターンの人です。手紙を読んでも何も響かない人、もしくは手紙すら読まない人ということです。このような場合は、私から呼び出して、部門長も立会いのもとで話し合うこともあります。

他にも、賞与を査定する際に、業績への貢献度以外に2つの重要視していることがあります。

個人面談シートの例

2024年４月個人面談ノート	作成表	代表取締役　脇本真之介

氏名	見本 太郎
入社年月	2015年４月
勤続年数	９年０カ月
所属事務所	第一工場
所属部門	第１製造部
役職	主任
役職みなし残業	３時間／主任
現在の等級	3
最終学歴	高卒一般
採用区分	新卒採用
居住地域	○○市
通勤方法	自家用車
通勤距離(km)	19
配偶者	有り
子供	未成人２人

	今期支給給与	来期支給給与
期間	2024年３月25日まで	2024年３月26日〜
基本給	261,840	275,500
営業手当		
技術手当		
精勤手当	2,000	2,000
技能手当		2,000
役職手当	3,000	5,500
家族手当	4,000	4,000
管理手当		
課税通勤費		837
非課税通勤費	12,773	12,900
特別昇給		
支給総額	**283,613**	**302,737**

※賞与２回含む

昇給月額		月数		年収昇給総額
19,124	×	14	＝	267,736

あなたの次年度の年収は左記分の昇給（もしくは減給）となりますので、それ以上の価値創造と人間的成長に努力をしてください。

職務歴	
年月	内容
201504	入社・第一工場へ配属・等級１
201604	等級１から２へ
201704	フィロソフィ委員会に参加
201804	等級２から３へ
201809	フィロソフィブックを完成させる
201904	主任へ昇格
202007	社内報作成Ｐへ参加
202104	社内報作成委員会へ所属
202109	社内報第１号を作成
202204	19期・親睦会副会長を担当
202304	ゴルフ部を発足・参加
202404	係長へ昇格・等級３から４へ

来期からの変更事項					
役職	変更無し	主任　から 係長　へ	等級	変更無し	3　から 4　へ

給与額反映日の注意点	
基本給	基本給与の変更は７月５日支給分より適用となります。
役職手当	役職手当の変更は５月５日支給分より適用となります。
通勤費	通勤手当の変更は４月５日支給分より適用となります。
その他手当	その他手当の変更は基本的には７月５日支給分より適用となります
通勤費	１km17,380円（2024.03.15現在：165.20円奈良県平均価格／9.5km／Ｌで計算）×月20.8日出勤×往復分×距離で算出しています。日数は（365－年間休日）÷12カ月で月平均出勤日数を算出しています。自家用車通勤を申請していない自転車通勤の方や徒歩での通勤は交通費は支給されません。

過去給与暦（支給総額）									
2015	2016	2017	2018	2019	2020	2021	2022	2023	2024
194,459	214,756	220,427	230,854	235,520	252,421	261,651	271,408	283,613	302,737

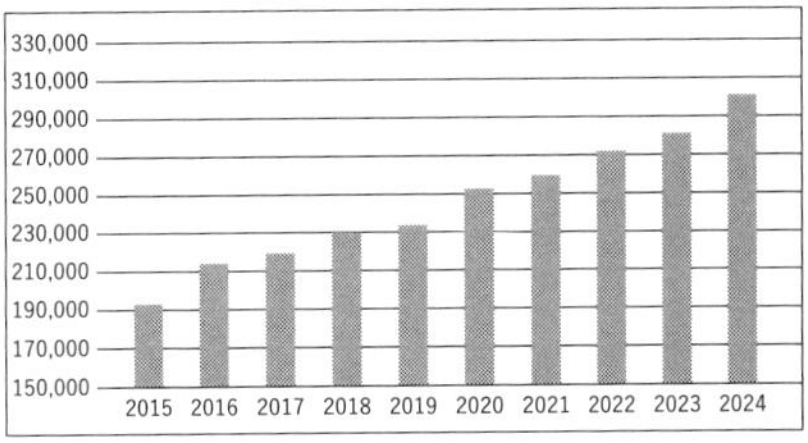

①決めたことを貫く徹底力があるか

たとえばある営業職の人が、1日5件お客様を訪問することを目標に決めたら、それができているかという徹底力を重視します。製造職であれば、決めた目標に対してきちんと計画通り進んでいるかです。

人はラクをしたい生き物ですから、決めたことを継続できる人は圧倒的に少ないのです。

徹底力がなければ、会社のルールも簡単に破られ、秩序が失われてしまいます。徹底力がある人は、自然と仕事ができる人だと私は考えています。

②周囲に対する優しさを持っているか

周囲に対して優しさを持つということは、周りの人をよく見て、何か困ってそうであれば手を差し伸べたり、声をかけたりする心配りができるということです。

他人に対して心配りができる優しさは、自然と視野を広げてくれるので、リーダーの資質がある人と言えるでしょう。

売上を上げる、新規開拓をする、経費を削減する……など、直接的に利益をもたらす人だけが「仕事ができる人」と思われがちですが、私は**「徹底力」と「優しさ」という資質を持つ人こそが、長期的に見て会社に大きな利益をもたらす人**だと考えているのです。

「必ず成し遂げる」という強い願望と情熱を持つ

経験のない新規事業に挑戦するとき、その分野に精通した専門家が必要になることがあります。しかし会社が望んだタイミングで、求める人材が応募してくれるとは限りません。

「どうしても、この人でなければ」という人材を、自ら求めに行くことも必要です。

当社でも、新素材を使った商品の開発をしようと、新たに研究開発部を立ち上げるプロジェクトをかかげたことがありました。社長に就任して1年目のことです。

それまでは商品の製造・販売をしたことがあっても、素材からの研究開発を手がけることはありませんでした。

もし自社で研究開発ができるようになれば、ライバル会社に大きな差をつけることができます。その一念で、名実ともに研究開発の最高峰である東京大学か京都大学に焦点をあてました。

しかし大学との共同研究では、権利関係や費用面の兼ね合いもあり、本当にやりたいことが実現できるとは限りません。それならば、大学教授を研究開発部の責任者として招聘《しょうへい》できないか——と考えたのです。

ところが、先代社長とほとんどの従業員から「私たちのような中小企業に、東大や京大の教授を招聘なんて絶対に無理だ。研究開発への進出は辞めるべきだ」と猛反対されたのです。

それでも、**「やってみなければわからない」が信条の私は、皆の心配をよそに、即行動に移していました。**

当時、私の考えに賛成してくれた数少ない営業マン（現在の営業部長）と共に、京都大学へ足を運び、招聘したい教授の研究室をアポイントなしで訪ねました。

教授室の手前には、まず秘書室があるので、秘書の方に打診をするのですが、当然断られます。もちろん断られることは想定内であり、そこから営業マンと共に京都大学への日参が始まりました。

ある日、偶然にも昔からお世話になっている大学の先生とのお話の中で、目的の教授と知り合いであることがわかり、その先生にお願いをして、京都大学の教授にメールを入れていただきました。

メールのおかげで、やっと面会する機会をいただけることになり、遂に教授室へのドアが開いたのです。

ご挨拶から始まり、事業内容を説明し、何とか力を貸してほしいと何度もお願いをしましたが、当然そんな簡単に承諾はしていただけません。

半年ほど通ったある日、「結局、君は何をしたいの？」と教授に聞かれたので、「私たちが持つこの動物性酵素で、世界中の人々の助けになるようなことをしたい。医療だけでなくエネルギーや食糧の世界課題を解決する可能性があるので、それを1つずつ実現したいのです」と答えました。

私が語ったのは、世界の課題に対する挑戦への熱意だけでした。当時はまだ、借金を返すことさえ綱渡りの状態でしたが、私の夢に対する熱意だけはしっかりと伝えたかったのです。

「それなら、協力したろか」

数日後、願ってもないお言葉をいただきました。教授の望む研究場所や設備などの条件を準備する財力はありませんでしたが、当社の研究開発責任者として、翌年の春から入社することを決めてくれたのです。

さらに入社後も、教授の紹介で優秀な研究者や協力機関が集い、何もなかったところから、最高の「研究開発部」がスタートしたのです。

新しい事業を始めるとき、資金がない、人がいない、設備がない……など、諦める理由を並べるとキリがないほど出てくるでしょう。

それでも、**できない理由を挙げるのではなく、どうすればできるかと考え尽くし、絶対に成し遂げるという強い願望と情熱を持って動くことで、多くの人を巻き込んでいくだけでなく、その情熱は拡散していくのです。**

研究開発部の創設は、「何があっても成し遂げる」という強い願望と情熱が周囲に伝わり、多くの人に助けられて拓けた道だと思います。

何事も諦めずに貫くことで必ず道は続いていくのです。

輝いて生きる場所を見つける

会社という場所には、それまでの人生で関わりのなかった、年代も生い立ちも異なる、さまざまな人たちが集まります。

そんな多種多様な人たち全てに**必ずよいところがある**と私は思っています。

自分自身で、自らの長所に気づく人もいれば、なかなか気づけずに実力を発揮できない人もいるでしょう。場合によっては、周りの人の力を借りて、初めて自分の長所や武器に気づくという場合もあるのです。

実は、私自身がこのパターンの人間でした。おそらく一人では一生、自分のよさに気づくことができなかったと思います。しかし、フルコミッションの営業時代に出会った営業部長のおかげで見つけることができました。

当時、部長に教えていただいた話が今でも心に残っているので皆さんに紹介します。

『ウサギとカメ』で、カメが勝つには？

皆さんは『ウサギとカメ』の童話をご存じでしょうか。ウサギとカメが足の速さを競う話ですが、童話ではカメが勝ちますよね。とはいえ、現実的に競争したら勝つのはウサギでしょう。

ところが、部長は私にこんなことを尋ねたのです。

「現実の世界で、カメがウサギに勝つ方法は？」

さて、どんな答えが浮かぶでしょうか。当時、私もしばらく考えたのですが、答えが思い浮かばなかったので部長に答えを尋ねました。

「答えは海だよ。海の中で勝負したら、カメが勝つだろう？　カメにとって得意な場所で勝負することができれば、カメはウサギに勝てる。同じように、**人には適性があ**

り、実力を発揮できる場所がある。その正しい道を探すのが仕事だよ」

実際に私も契約が取れない間は、自分にとって得意ではない方法で勝負していたのです。

同じ商品を売るにしても、さまざまな方法があります。「資料を見せながら説明して、お客様の反応を見る」「トークでお客様をその気にさせる」「お客様の予算を伺う」など。

最初は、資料を見せながらマニュアルの原稿に沿って営業活動を行っていたのですが、営業部長から、「君は感情を込めて話すことがうまいから、原稿に沿わず自分の言葉でお客様に、商品のよさを伝えたらよい。夢を語るように話すと、きっとうまくいくよ」と言われました。

そのアドバイスに従い、営業方法を変えると、驚くように契約が取れるようになったのです。これは、私の「長所」を見つけるきっかけとなったエピソードです。

誰にとっても、自分だけの「海」があります。

今の結果だけで人を判断せず、その人に合った「海」を見つけるサポートをしてあげることで、その人は見違えるように輝き出します。

今、何かで悩んでいる人は、まずは自分の「海」を見つける努力をしてみるのはいかがでしょうか。

第２章のまとめ

★ 人材育成の本当の意味は社員の「思想や考え方」に会社の「理念や哲学」という栄養を与え続けて、経営者の想いに共鳴してもらうことである。

★「人として何が正しいのか」、仕事をする上で大切な『生き方』『考え方』などを盛り込んだ「フィロソフィブック」は人材育成に大きな効果をもたらす。

★ 100％できる簡単なことから目標を達成する意識を高めていくことで、「やり抜くマインド」が身につく。

★ 人を正しく評価する平等な給与規定は、社員が理解できるように「わかる化」することで効果が上がり、モチベーションアップにつながっていく。

★「徹底力」と「優しさ」という資質を持つ人こそが、長期的に見て会社に大きな利益をもたらす。

★ 適性が合って実力を発揮できる場所が見つかったとき、人は見違えるように輝き始める。その場所を探すサポートをするのが、人材育成の醍醐味。

第3章

仲間との絆を深める「リーダー」の心得

想いを伝え続け、皆の心をそろえる

「経営者としてどのような経営を行い、どのような会社を目指すのか」
「従業員さんには、どのような人間性を備えてほしいのか」
私は、自分が目指す経営の方向性を、常に従業員の皆さんに伝え続けています。一度言って終わるのではなく、日常的に何度も繰り返し伝え続けるのです。

想いを伝えるには、言葉だけでなく文字に起こして「見える化」することも大切だと言われています。

しかし、私は「見える化」だけでは不十分だと考えています。

従業員の皆さんがきちんと理解できるように「わかる化」することが大切であり、経営者である私の想いが皆さんに正しく伝わり理解してもらわなければ意味がありません。

私は、フィロソフィブックや社内報の制作、「ひろがる経営マップ」という年間カレンダーの配布を通して、まずは「見える化」を行っています。

次に、個人面談や「社長ゴチ会」という名の社内懇親会、社内向けメールマガジンの配信、さらには立ち話でも直接声をかけて、従業員の皆さんとの対話を増やすことで、理解を深めてもらい「わかる化」を進めていきます。

なぜ、「見える化」だけでなく「わかる化」にもこだわる必要があるのでしょうか。それは、**「理解をする」ということが、従業員の仕事に対する意識と直結しているか**らです。

「理解をする」とはどういうことかというと、絵の具の色を例にして説明します。

紫の色を塗ろうと思ったら、紫の絵の具を使うこともできますが、赤と青を混ぜても紫になります。そしてそのことを知っていれば、「赤と青の比率を変えて紫のグラデーションも作れる」と考えることもできます。紫色の絵の具しか知らなかったら思いつかない発想です。

このように、物事の成り立ちを理解することで、仕事の意識も視野も格段に上がるのです。そして、意識の高い人たちが増えていくと、会社はどんどんよくなっていきます。

会社がよくなっていくと、「さらによくしよう」とか「今の環境を守ろう」という意識も芽生え、次第に**皆の心がそろっていく**のです。**心をそろえるとは、皆が同じ想いを持ち行動することです。**

会社は行動をそろえるためにルールを作ります。もちろん、共通のルールを設けることは大切ですが、柔軟性を失うことも往々にしてあります。

ルールは時代や環境、状況によって変化するべきものです。私は、悪しき古いルールは臨機応変に改善し、従業員の皆さんと共に会社を作っていきたいと考えています。

ルールで行動をそろえるのは簡単です。

しかしもっと大切なことは、**全員の心をそろえること**です。私が従業員の皆さんに「わかる化」するまで（わかってもらえるまで）想いを伝えるのは、心をそろえるために行っていることです。

もちろん、心をそろえることは簡単なことではありませんし、数回言った程度では伝わりません。「何回か伝えたらわかるだろう」はないのです。

リーダーなら、何千回、何万回も伝え続け、あらゆる工夫を駆使して相手に伝えなくてはなりません。

かくいう私も**10年以上もの時間を費やし伝え続け、やっと数名に伝わったかな？くらいの実感**しかないのです。

リーダーにとって最も必要な資質

リーダーとして最も必要な資質は何でしょうか。

会社への貢献度、営業力、統率力、分析力、判断力……など、さまざまな能力が挙げられると思いますが、私なら「**優しさ**」と答えます。

「優しさ」は、リーダーの視野と深い関係があります。

前章で私は、フィロソフィブックの制作をきっかけに、従業員さんの目線に立って考えることを意識し始めたという話をしました。ここで考えなければならないのは「目線の高さの違い」です。

たとえば、建物の1階から見える景色と、2階から見える景色は違いますよね。5

階ならもっと遠くまで周囲の街が見渡せます。東京タワーまで上ると隣の県どころか、さらに先まで見渡せるでしょう。

視野が高くなればなるほど、見える範囲も広くなり、物事に対する気づき方も変わるのです。

これは会社でも同じで、最初は自分の仕事だけをしていればよいのですが、時間や経験と共に立場が上がっていくと、自分の部署、他の部署、会社全体、お客様やお取引先、さらには社会全体まで、広い視野で周囲を見渡さなくてはならないのです。

では、広い視野を得るにはどうすればよいのか。それは「優しさ」を持つことです。**優しさを持つと、周囲に対する気配り、心配りができるようになります。**

気配りができると、周囲のことがよく見えるようになります。

これが「視野が広がる」ということです。さらに言うと、**視野が広がることで「人や物の活かし方」などが見えて、これまで気づかなかった新しい道に気づくようになる**のです。

私が考える「リーダーに最も必要な資質」の答えが「優しさ」である意味がおわかりいただけたでしょうか？

皆さんの周りにも、周囲から信頼を集める「優秀な人」がいると思います。その人は、多くのことに気づく優しさを持っているからこそ、周りから「優秀」と認識されるのではないでしょうか。

ただし、リーダーの「優しさ」について間違った理解をしてはいけません。部下の利己的なわがままを許すことが「優しさ」ではありません。

現代では、自由な社風を選択する企業が多いのですが、自由には責任が伴います。その責任の部分まで自由だと勘違いする若者が増えているのも問題です。

善悪の判断基準や、責任の要諦をしっかりと次の世代に伝え、それを守る。自由はよいことですが、それらを破ったときには厳しく叱ることも含めて「リーダーとしての優しさ」なのです。

中には、叱ることができないリーダーもいるでしょう。それを「優しい」と勘違いしてしまうと、部下はダメな人間に育ち、いつしか組織を崩壊させてしまいます。

本物の優しさとは愛情を持って、誠心誠意、部下を指導することも含んでいるのです。

小さな声かけが安心感を生む

会社が大きくなればなるほど、社長と社員の距離が遠くなるのではないでしょうか。社長と接点があるのは幹部や役職者のみで、一般の従業員には入社面接以来、社長と言葉を交わしたことがないという方もいるかもしれません。

社員数が何千人、何万人といる大企業なら、大企業に適したマネジメントが必要になると思いますが、**社員一人ひとりに目が届く中小企業であれば、意図的に経営者と従業員さんとの接点や対話を増やす努力**をすることをお勧めします。

私は、工場や品質管理などの現場にもよく顔を出し、従業員の皆さんに声をかけて回ります。

「○○さん元気？」「今日も頑張ってるね」「この前はありがとう」「何か手伝おうか？」「困っていることはない？」

こうした何気ない声かけをよくするのですが、それと同時に、その人の表情を見たり、意識がどこに向いているかを確認したり、従業員さん同士のトラブルがないかなど、細かくさまざまな種を拾うように心がけています。

そしてトラブルや困っているという声があれば、さらに深く事情を聞きます。問題の現場も見に行ったり、必要なものがあればすぐに手配したり、ときには私がすぐに買いに行ったりして、解決に向けて即時対応を行います。

改善に向けて、できるかできないかわからない場合もあります。

たとえば、生産機を購入したくてもコストが高くて導入できないことがありました。だからといって諦めるのではなく、半自動でもできないかを考え、その考えを実現してくれる職人さんを探すために、従業員さんと共に、東大阪の町工場に飛び込みで何件も歩き回ったこともあります。結局、できませんでしたが……。

しかし、**声かけと、改善の積み重ね、すぐに行動してくれる経営者の姿は現場に対して大きな安心感を生み出します。困ったときは会社に言ってもよい、社長に相談してもよいという空気感が作られていく**のです。また、それだけではなく結果として、ミスの発生や隠蔽を防ぐことにもつながるのです。

私の「声かけの実践」を見ていたある従業員さんから「私も社長のように、仲間に対して『困っていることがあれば手伝いますよ』と、常に声をかけるようにしています」と言ってもらえました。本当にうれしい瞬間でした。

小さな声かけを習慣化すると、会社全体に安心感が生まれるだけでなく、優しい従業員さんが増えていくのです。

誠意は言葉ではなく、行動で判断される

「人を大切にする経営」は、私の信条ではありますが、どれだけ言葉で「大切にする」と言ったところで、行動が伴わなければ絵に描いた餅です。

誠意という言葉をわかっている人はいても、行動で示すリーダーは、一体どれくらい存在するのでしょうか。

自分が思っている以上に、部下は上司のことを見ています。

近年では「働き方改革」と称して、定時退社が賞賛されていますが、部下に仕事を押し付け、自分だけが早々に退社するような上司に対して、誰も誠意を感じませんよね。

私は、２０２３年にある会社をＭ＆Ａし、その再生を今も手がけています。

小さな会社ですが、全員が成長を信じて仕事に取り組んでいます。新規の受注を取るところから始め、その受注で工場の稼働がひっ迫してくると、私も現場に入って手伝います。

私では手伝うことができない専門的な仕事もあるので、その場合は全員が仕事を終えて退社するまで事務所で仕事をします。これはＭ＆Ａをした会社だけでなく、元々の会社でも同じようにしていました。

何かトラブルがあった場合に備えているのかと思われるかもしれませんが、そうではありません。別の理由があります。

たとえば、遅くまで頑張った従業員さんが帰宅するときに、普段、社長がいる事務所の電気が消えていたらどのように感じるでしょうか。「私はこんなに遅くまで仕事をしたのに、社長はもう帰っている」と不満に思うかもしれません。

逆に、事務所の電気がついていたら「社長もまだ頑張っているんだな」と思ってもらえるかもしれません。実際には、従業員さんが事務所の前を通るかどうかも、不満を持つか持たないかもわかりません。

それでも、**会社のために頑張ってくれる皆のことを考えると、私は経営者として、それくらいの心配りはするべき**だと思っているので、事務所に残って仕事をしています。

ＳＮＳは見られているという意識を持つ

現代においてＳＮＳのアカウントを持つのは常識となりました。経営者の方も個人アカウントを持つ方が多いと思います。ＳＮＳは自身や会社の活動を、手軽に社会へ広報できるツールという側面も含んでいるからです。

しかし、注意すべきことがあります。それは「**経営者やリーダーのＳＮＳを社員さんも見ている**」という意識を持たなければならないということです。

想像してみてください。皆が遅くまで頑張って働いている時間帯に、社長がＳＮＳ

で豪勢な飲み会をしている投稿をしたら……。

プライベートに関する投稿も同様です。セレブのような絢爛豪華な生活の様子や、平日にゴルフをする社長の投稿を見た部下はどんな気持ちになるでしょうか。

きっと、社長に対する不信感のようなものが生まれ、見るたびに蓄積されていくはずです。


私はSNSにプライベートを投稿しないように心がけています。

投稿する内容は、仕事のこと、学びや気づきの他、従業員の皆さんに向けたメッセージを投稿します。これは私のSNSの特徴であり信条です。


一般的にSNSは、社会に向けたメッセージを発信するものですが、私は全く逆の考えで、主に社内に向けて発信しているイメージです。

「社内に向けて」といっても業務連絡を行う感覚ではありません。従業員の皆さんに気づいてほしいメッセージや、感謝の気持ち、敬意を伝えるために発信しているのがほとんどです。そして、不思議と従業員さんは、それを見ているのです。

皆さんもご存じの通り、ＳＮＳの投稿によって失敗したケースもよく見られます。あのような炎上騒ぎは自分には関係がないと考えている人が多いと思いますが、経営者やリーダーの心の在り方がＳＮＳに現れるので注意を払わなければなりません。

助けてほしいときに、力を貸してもらえる信頼関係があるか

私は月に1回、「社長ゴチ会」という名の社内懇親会を開催しています。部署間の垣根をなくして、従業員同士で交流を持っていただくことと、私自身も直接皆の声を聞き、組織運営に生かすことを目的としています。

私がこうした対話の機会を作ったり、現場に入って声を聞いたり、遅くまで一緒に仕事をしたりするのも、普段から従業員の皆さんのことを知り、私の考えも知ってもらいたいからです。

部下の頑張りを見ることもなく、部下の考え方も知らず、会議のときだけ上から強く言うような上司に、どれだけの部下が力を貸してくれるでしょうか。

会社はいつなんどきピンチがやってくるかわかりません。私は、会社が困難に陥ったとき、皆の力が必要だと考えています。だから、**平穏な日常のときこそ声をしっかりと聞き、誠意を尽くして信頼関係を育てるように行動する。**そうしたことを心がけなくてはならないのです。

どれだけ言葉で「部下を大切にしている」と言ったところで、行動が伴っていなければ誰からも信頼されません。**言葉で伝えるのは大切なことですが、その後の行動が伴わなければ、言葉は無に等しいのです。**

「他責」でなく「自責」で考える

出世する人は、プレーヤーとして優秀だから出世するのですが、管理職として優秀かどうかはまた別の話です。一流の野球選手が、一流の監督になれるとは限らないという話も代表的な例でしょう。

会社においても、才能にあふれ仕事ができる人ほど、できない人のことがわからないものです。そして優秀だからこそ、「自分が正しい」という思い込みがなかなか外せません。

なぜなら「自分のやり方」で優秀な結果を残してきたので、「自分こそが正義」という概念が抜けないのです。

「自分が正しい」という概念の殻を破れるかが、よきリーダーになれるかどうかの分岐点です。

リーダーの中には、部下のことを「使えない」「能力がない」と、切り捨てるような言い方をする人がいます。

そのような言葉を口にするリーダーは、「私には部下を育てる能力がない」と大々的に宣言していることに気づき、自らを恥じなければいけません。

育てる力がないことを認めたくないからこそ、部下を「使えない人」と決めつけ、他責にして自らの非から逃げているのです。

他にも、「彼は期待外れだった」と言うリーダーの言葉にも疑問を感じます。

「期待」とは、「期が熟すのを待つ」という意味です。時間をかけて実が熟すのを我慢して待つことなのに、たった数カ月で「期待外れ」などという言葉を使ってしまう会社があることが残念でなりません。

人を育てるには時間がかかります。人が育たないのは全て会社の責任なのです。

かくいう私も以前はこのことに気づかず、できない社員に対して厳しくあたっていた時期がありました。10年以上も前のことです。

リーダーが我慢して人を育てることをしないのですから、当然、新人が入社してもすぐに辞めるということが何年も続き、人が定着するような会社とはほど遠い状態でした。

そんなことを繰り返していたある日、ふと思ったのです。

「人が続かないのは、会社に悪いところがあるのではないか？　人を育てられない私たちに問題があるのではないか？」

それまでは、入ってくる新人の能力が低いとか、本人のやる気がないから辞めるのだと決めつけ、全てを「他責」にしていました。

しかし、**「自分たちに問題があるのでは？」と「自責」の考え方に変えると、さまざまな問題が見えてきた**のです。

そこで会社を変えようという意識が芽生え、役職者の皆さんに、「人を育てるには時間がかかる。育たないのは私たちの責任だ。まずは自分たちの育て方を振り返り、反省することから始めよう」と働きかけたのです。

ところが、厳しく育てられた中間管理職の方から見れば、「何で我々が悪者になるのか」と自分を否定されたように感じたようです。それでも、他責にしていては何も変わりません。

何かを変えたいと思うのなら、まずは自分が変わらないといけないのです。

そのことに気づいてほしくて、私も現在に至るまで10年以上、「人を育てるのは時間がかかる。だから覚悟を持ってその人に寄り添ってほしい」と伝え続けました。そしてようやく最近になって、数人の管理職から「教育には時間がかかりますしね！　もう少し僕も付き合います」といった言葉を聞くようになりました。

しかしこの言葉も、「行動で判断される」のです。社長である私の前でいくら調子を合わせても、行動が伴わない管理職に人が育てられるわけがなく、周りに人が集まるはずもありません。

そういう形だけを取りつくろう平凡なリーダーは、いつまでも自分の間違いに気づかず、知らず知らずのうちに孤立していくのです。

同部署の人たちからも、管理職という立場に話を合わせてもらっているだけで、信頼感など皆無であることに全く気づかないのです。

一方で、優れたリーダーは、「他人は変えられない」ことを知っています。つまり、**「自分で変わる意思を持たない限り、本人は変わらない」**ということです。

だからこそ優秀と言われるリーダーは、自らが変化して相手に合わせた対応を行うので、人を活かすのがうまいのです。

当社でも、少しずつ管理職の人たちの意識が変わり、離職率も大きく改善され、若者にとっても働きやすい会社に近づいたのではないかと、心から感謝しています。

リーダーとしての適性を見る方法

この章で紹介したリーダーシップの要件である「優しさ」や「自責で考える」を満たす部下がいたとしても、それだけでリーダーに抜てきしてはいけません。

仲間想いであることは最低条件でしかなく、リーダーの適性とは全く別の話です。

では、その人が正しいリーダーなのかどうかを、どのようにして判断するとよいのでしょうか。

私の見極め方を5つ紹介します。

①部下の目標や悩みを把握しているか

これは役職者の適性を測るときの最大の指標になります。

私は役職者に抜き打ちで、「○○さんの目標は？　進捗はどう？」「○○さんの今の悩みは？」と質問をします。部下の課題や目標、あるいは悩みを役職者が認識しているかどうかを確認するのです。
もし答えられなければ、私は役職者に対して「部下の課題や目標の進捗度合いも把握せずに、どうやってその人を育てるのか」と注意します。

これらの質問に答えられないということは、部下に対する愛情不足ということです。**愛情があれば、部下の目標や悩みを共有し、目標達成に向けて伴走しよう**という気持ちになるはずです。愛情が足りないから、部下の悩みを知ろうとしない、コミュニケーションが取れていない。部下の行動に責任を持つという自覚がないのです。

一方で、愛情のある役職者は普段から「目標の進捗はどう？」「どこか行き詰まってない？」「困っていることはない？」と頻繁に部下に声をかけています。まるで自分の仕事のように親身になって話を聞き、仕事の進捗を共有し、最後まで一緒に付き合います。だからこそ目標を達成したとき、部下と共に喜び、部下に対して自然と褒める言葉が出るのです。こうしたリーダーの愛情が、人を成長させるのです。

②「部署内の空気感」が明るいか

リーダーの人格は「部署内の空気感」に表れます。

成熟した人格を持つリーダーのもとでは、部下たちも明るく、人間関係もよい雰囲気の職場環境が形成され、人も育ちやすくなります。

優れたリーダーは人に対する優しさを持つので、部下も上司に相談しやすい空気感が生まれます。

逆に、未熟な人格のリーダーの部署は、どこか閉鎖的でピリピリとした、仕事をしにくい雰囲気がただよっています。単に仕事をするだけでよいという考えで、部下も「一人の人間である」という大切なことを忘れて接しているのです。ですので、仕事の話はしても、プライベートの話をすることもなく、相談しようという気も起こらず、チームではなく、個の存在が集まっているだけになっているのです。

どちらの部署が、働きやすく成果が上がるでしょうか？

容易に想像がつきますよね。もちろん前者です。**リーダーの適性は、その部署で働く人たちの関係性や空気感を見ればわかるのです。**

③部署内の整理整頓ができているか

職場環境の維持を見ることもリーダーとしての適性を知る大切なポイントです。お客様は、いつ会社にお越しになるかわかりません。

「急にお客様が来られても、清々《すがすが》しい職場環境でお迎えができるように」と意識しているリーダーは、普段から掃除に対して厳しく言います。


当社は医薬品の製造企業です。

もしも、ゴミが落ちているのに放置するような会社だったら、お客様は安心して私たちに仕事を依頼するでしょうか。

駐車場や事務所が清掃されていない会社の工場が、よい製品を造れるはずはないと判断され、仕事がなくなる可能性だってありえるのです。

優秀なリーダーは、そのリスクまで想定できているからこそ掃除を大切にします。

ゴミが落ちていたら拾う、スリッパが乱れていたら整える、といった当たり前のことを、部下だけでなくリーダーも実践するかどうかが適性を見極めるポイントです。

④自分から率先して挨拶をするか

世の中には、「挨拶をするのは部下から」という古い認識を持つリーダーもまだまだいるようです。

私は**挨拶には、その人の人間性が素直に表れる**と思っています。

挨拶という一瞬の行為に「声、表情、態度、敬意の大きさ」など、相手に対する気持ちを表現する全ての要素が含まれているのです。声が大きくても相手の顔を見ない人や、挨拶はするが態度が悪い人など、その人の持つ人間性が素直に表れます。

普段から社内の人に対して自分から挨拶できない人は、お客様やお取引先に対して、心のこもった気持ちのよい挨拶はできません。私は自ら現場に足を運び、誰がしっかりとした挨拶を、どんな風にするかという点をよく観察しています。

⑤前向きな考え方を持っているか

リーダーの適性の1つに、何に対しても前向きな考え方ができるかどうかが挙げられます。

たとえば、自分自身が納得できないことがあったとしても、不平不満を言うのではなく、どうすればクリアできるかと考えられるかどうかが、リーダーの適性の大きな要素だと言えます。

会社はいくつかの組織で成り立っており、その組織のリーダーの考え方によって進むべき方向が大きく変わります。自分が納得できないからといって、部下にも「これは納得いかないよな」と口に出して共感を得ようとする人はリーダーとして失格です。

残念ですが、こうしたリーダーが率いる組織の人たちは、このリーダーと似た思考になり、会社に対して不満を抱くようになります。

すると会社も不思議とそれを見抜くので、残念ながら会社から評価されにくくなるということが往々にして起こるのです。

リーダーが発した何気ない一言によって、部下の人生が悪い方向に行ってしまうのです。適性のない人がリーダーになると、このような不幸な事態が起こります。


だからこそリーダーには前向きな考え方が必要不可欠です。理不尽だと感じても、自分の中で消化しなくてはなりません。

そして、部下には「会社からこういう指示が出ました。今までは◯◯の時代だったけど、これからはこういう時代だから、全員で◎◎の時代を作る提案をしよう！」と前向きな言葉に変えるだけで、部下たちのやる気もモチベーションも格段に変わります。

すると部下たちも前向きな人柄になり、人生も好転していきます。


考え方は、自分の人生だけでなく、周囲の方の人生も変える力を持っているのです。

以上が、私がリーダーを選出するときに、その適性を備えた人物かどうかを見極めるポイントの事例です。

他にもまだまだあるのですが、社長に従順であるとか、そんな小さなことはどうでもいいと思っており、それよりも、その人の日常を重視して観るようにしています。

失敗した部下に伝えるべきこと

何度も言いますが、人を育てることは時間がかかります。そして、人は失敗しないと成長しないのです。これは避けようのない真実です。

ですから、部下が新しい仕事に挑戦するときは、**たとえ失敗しても、リーダーが全て受け止めるという、強い意志を持って任せる**必要があります。

かといって、いわゆる「丸投げ」ではいけません。

部下が挑戦する裏側で、何かあったときのために、仕事のゴールまでに必要な準備を裏側でしておくのです。万が一、部下とお客様との間でトラブルが発生したら、すぐにお客様のところへ駆けつけ、謝罪してフォローに回ることも必要です。

新人は失敗して当たり前。私は「３年くらいは失敗続きでもいい」と伝えています。大切なのは、失敗したときに何を学ぶかです。**しっかりと学んだ人は１回目の失敗を単なる失敗ではなく、大きな経験に変えるのです。**

仕事のミスから真の責任を学ぶ

人は誰でも失敗なんてしたくないものです。失敗しないよう細心の注意を払って働いていると思いますが、ときに意識が希薄なまま、人的なミスが発生することもあります。

そのような場合は、会社のルールとして始末書を書いてもらいます。当然ですが、始末書を書いて終わりではいけません。心からの反省があって初めて成長につながるのです。

中には、始末書を持ち、私に対して謝罪に来る人がいますが、私は次のように伝えています。

「○○さん、せっかく来てくれて申し訳ないのですが、謝るのは私にではなく皆にです。ミスによって皆が得られるはずであった利益を減らし、本来あるはずだった賞与が減額になる可能性もありますし、皆の昇給もなくなるかもしれません。困るのは私ではなく、○○さんと共に働く従業員の皆さんとそのご家族です。今回の失敗は私ではなく、皆に対して申し訳ないことをしたという自覚を持ってください」

このように伝え、コストや利益に対する責任は誰のためにあるのかを再認識してもらうのです。

会社のお金という認識下では人は反省などしませんが、毎日、同じ職場で働く仲間に対しては、申し訳ないという気持ちが芽生えるのです。

起きてしまったことは仕方がありませんし、ミスをゼロにすることなど不可能です。しかし、ミスから何を学ぶかによって、その人の意識は大きく変わります。

意識の持ち方が変わっただけでも、大きな価値があるのではないでしょうか。

リーダーは、トラブルを俯瞰的にとらえる

トラブルが発生すると人は視野が狭くなり、間違った判断をしやすくなります。だからこそ、**まずは心を落ち着けてトラブルを俯瞰的にとらえること**が大切です。

第三者的な目線でトラブルという事象をとらえ、何が起こったのか、なぜ起きたのか、どう対処するのかを紙に書き出すのです。冷静になれば自ずと答えが見えてきます。

ただし、その答えは、自分にとって都合のよい答えではいけません。誰から見ても平等で、誠実さがきちんと相手に伝わる正しい答えかどうかが重要なポイントになります。

人は、何か問題が起きると無意識のうちに自分にとって有利な選択をしてしまいま

す。それは、自分の非を認める恐怖から逃れるために、私たちが生まれ持った本能によるものです。その本能を抑えて、正しい答えを導き出すためには、俯瞰的に物事を見る眼が必要となります。

物事を俯瞰的にとらえるには、まずは自分の非を潔く認められる強さを持つことです。リーダーになる方や、リーダーを目指す方は、まずは自分がミスを犯したときに俯瞰的にとらえる目線を持ってください。また、将来を期待する部下や後輩が利己的な判断をした場合、毅然とした態度で叱ることが真の愛情です。

失敗したときに、何を伝えるか。**伝える言葉によって、相手のその後の人生が変わるのです。伝える言葉の選択を間違わないこともリーダーの大きな役目の１つです。**

現場でしか「経営者感覚」は伝えられない

「経営者感覚で仕事をしてほしい」

会社で働く人なら、一度は上司から言われたことがある言葉かもしれません。しかし受け取る側は、その真意をつかみきれていないのではないでしょうか。

従業員の皆さんは経営者ではないので、具体的にどういった考え方が「経営者感覚」にあたるのか全くわからないのです。

「でも社長が言うし、何となく数字を意識することが『経営者感覚』なのだろう」と、ふんわりしたイメージでとらえるしかないでしょう。

そして、「全員経営」を目指す経営者にとっても、**従業員に具体的にどう「経営者感覚」を実践してもらえばよいのかわからない**のです。

私の場合は、社内研修や日常の仕事の中で、リーダーがどういう視点で物事を見ているかを従業員さん（特に役職者の方）に直接、事細かに伝えています。実際にどのようなことを伝えているかを紹介しましょう。

対顧客意識のレベルを上げる

会社には、直接お客様と顔を合わせない部署（当社の場合は製造部や研究開発部、品質管理部など）が存在します。

この部署に所属する皆さんは、お客様と直接会うことがないので、営業の方たちと比べて、対顧客意識の受容感覚が低くなることがあります。

以前、このような出来事がありました。

ある日、出荷を翌日に控えた商品が梱包されて積まれていたのですが、その梱包された段ボールに貼付してあるガムテープがシワだらけだったのです。

私たちが納品する「商品」は段ボールの箱も含みます。もし、その箱が汚れていたり、破れていたり、ガムテープが汚く留められていたりしたら、納品された商品を見てお客様はどう思われるでしょうか。

そのことを想像すると、たとえ翌日出荷の商品であっても、私は梱包を全てきれいにやり直すように指示を出します。このときも４００箱以上ありましたが、全てやり替えを命じました。

仲間を想う優しさと、仕事に対する厳しさを教える

当社にはいくつか工場があるのですが、ある工場がミスを見落とし、製品を次の工場に搬送し、次工程へ託されたのです。しかし、入社2年目の女子社員が作業中に発見してくれて、出荷前に気づくことができたのです。

私のもとにもすぐに連絡が入りました。週末の夕方で、皆さん、掃除をして帰宅準備をしていた方もいるようでしたが、製造責任者に「すぐに全工場に連絡を入れ、手

の空いている人は検品に回るように指示を出してください。私も今の仕事が終わり次第、すぐに工場へ行き手伝います」と指示を出しました。

そして私が現場に到着すると、役職者は壁を向いて黙々と検品作業をしていました。私もすぐに作業に入り、しばらく役職者の様子や検品する皆さんの様子を見ながら作業を行い、２時間ほどで作業を終えることができました。

私も手伝えたのは１時間ほどでしたが、いくつも気がついたことがあり、終わった後に責任者を呼び、次のことを確認しました。

①終了時間の目標を決めて全員と共有したのか。

②残業には25％増しのコストがかかる。それを意識して迅速な作業を正確に行おうと指示を出したのか。

③役職者の仕事は、部下に対して指示を出したり声をかけたりすること。部下の目線

を見ていたか。意識は周囲に向けられていたか。

④原因を作った当事者は、全員が検品作業に来たときに、きちんと皆に謝罪をし、手伝ってくれたことに対する感謝の言葉を伝えたか。

⑤手持ち無沙汰になっている人がいないか見ていたか。いれば即座に明確な指示を出していたか。

⑥皆にもプライベートがあるのだから、急な残業をお願いする前に、家族や友人と予定が入っていないかを確認する思いやりを持っていたか。予定が入っているのであれば、「申し訳ないが、可能な限り手伝ってほしい、相手の方に遅れる旨を伝えてほしい」と上司が頭を下げてお願いをしたか。

⑦ミスの原因となった部署の人ほど必死になってリカバーをしていたか。

⑧ミスの上にミスを重ねるのは絶対にあってはならない。たまに笑い声などがこぼれていたが、雰囲気を正すことを意識していたか。

⑨作業が終わった後、数の確認を複数人で行う指示をきちんと出したか。

このようなことを確認しました。残念ながら、このときは全てができていなかったので、**「リーダーとは、仲間を想う優しさと、仕事に対する厳しさを持って仕事に取り組まないといけない」**ということを少し厳しめに伝えました。

現場の人から見れば小さなミスで、「これくらいなら、皆でやれば短時間で終わるか」と安易に考えたのかもしれません。しかし、小さなミスであっても真剣に対応しなくてはならないのです。

だからこそ、ミスが起きたら作業を止めてでも、そのミスに対応することが優先だと意識してもらうのです。

また私も現場に入り、トラブルに対して、どのような行動が行われるのかを自分の目で見なくては、現場のリーダーに何が欠けているのかがわかりません。

自分が現場を見ないで、役職者の皆さんに経営者感覚を伝えることなどできるわけがないと思っているからです。

「鉄は熱いうちに打て」という言葉通り、**リアルタイムで本気で指摘すること。それによって、何が重要なのかを明確に伝えることができ、意識してもらう**こともできるのです。

コスト感覚を意識してもらう

私は工場などの現場に入ると、すぐに製造コストの計算を頭の中で行います。

M&Aをした会社にはコストという概念があまり存在しない会社でした。

その会社で行うことになった新規案件に対して、「その商品を３人で７時間かけて

5000個作った場合のコストはいくらですか？　また4人で作った場合は？　6000個作った場合は？」と現場の担当者に聞き、答えられなければ、何パターンにも分けたコスト想定表を作るのです。

そして、その表を見せながら説明することで、1日で何個の商品をどのくらいの時間をかけて、何人で製造しなくてはならないかが明確にわかるようになるのです。

経営者やリーダーは、商品を作るための時間や人件費といったコストを常に意識していなければいけません。

一方で、現場で作業にあたる皆さんは、目の前の作業に集中するので、コストに対して意識が向く機会が少なく、出来高数や歩留まり数は意識しても、コストにまで目が向きません。

ですから、私は工場に入ると、よく従業員さんに「今日は何個できてる？　1個あたりの製造コストはいくらが基準？」と尋ねます。

もちろん最初は答えられません。それでも「次の機会にまた質問するから、答えられるように意識しておかないといけないよ」と伝えて去るのです。

そんな宿題を残されては、従業員さんはいつ質問されても答えられるよう、普段から数字を意識するようになりますよね。

私が工場に入らない期間が続いても、定期的に電話でその上司に「○日に行くから、答えられるように伝えておいてね」と伝言し、**一人ひとりの意識が途切れないように矢を打っておくのです。**

こうした積み重ねによって、現場の皆さんにもコスト意識が浸透していきます。

私の目線を従業員の皆さんに伝えていくことで、皆の「経営者感覚」が研ぎ澄まされていきます。

こうした地道な声がけの繰り返しによって、できなかったことができるようになったり、問題とされていた部分が改善されたりしていくと、**経営者としてこれほどうれしいことはありません。**

うれしく感じたことは素直に表現して、その成長を褒めることで、皆の意識はさらに高まっていくのです。

機会（チャンス）は自ら作り出す

あなたは、機会（チャンス）というものがどのように訪れるのか、真剣に考えたことがありますか。

多くの人は、機会は与えられるもの、あるいは偶然降ってくる幸運のようなものと認識しているのではないでしょうか。確かにそういった側面もあるかもしれませんが、私は、「**機会は自分で作り出すことができる**」と考えています。

リーダーならなおさら、**自ら率先垂範して、機会を作り出す行動力が必要**なのです。

たとえば、海外で仕事をしたいと思っていても、所属する会社に海外事業部が存在しないのであれば、いつまで待っても「海外赴任」という夢がかなうはずがありません。

会社の方針が転換し、海外進出を目指すようになるまで、首を長くして待つのでしょうか。

それよりも、企画書や出張予定表、予算表を自ら作り、新規受注見込みリストを会社に提案し、「海外に売り込みに行きます」と強い情熱を伝えるほうが、よほど現実的ではないでしょうか。

機会が訪れるのを待つのではなく、機会を作るために、行動を起こすという方法もあるのです。

私が自ら作り出した機会として最も思い出に残っているのは、新しい商品の素材を求めて、日本全国を出張していたときのことです。

狙いの素材は日本のどこにも見当たらなかったのですが、父の記憶を手がかりに、その素材を生産する農家が鹿児島県の指宿《いぶすき》にあるかもしれないことがわかりました。

とはいえ、何十年も前の記憶で、今もその農家があるか定かではありません。それでも部下の営業マンと共に、翌日すぐに鹿児島へ飛びました。
とりあえず指宿に到着はしたものの、土地勘もなく、わかっているのは農家の方の名字だけという情報量の少なさ。それでも2人で街中を走り回り、片っ端から、その農家を知っている人がいないか声をかけ続けたのです。
そして数日後、奇跡的にもその方とお会いすることができました。この出会いが後に当社の倒産危機を救う突破口へとつながったのです。会社で頭を抱えて悩んでいるだけでは、このチャンスは訪れなかったでしょう。

仕事の中で困難に遭遇したとき、机の前でずっと悩んでいる人がいますが、行動しなければ機会は訪れないのです。いつまで経っても行動しないから悩む時間が生まれるのです。

皆を引っ張るリーダーであるならば、**機会が訪れるのを待つのではなく、自ら作り出すために、勇気を持って行動してください。**

行動するだけで、不思議と悩みは消え、前進するための推進力が生まれるのです。

第３章のまとめ

★ リーダーに最も必要な資質は「優しさ」。優しさを持つと視野が広がり、「人と物の活かし方」が見えるようになって、「新しい鉱脈」に気づくようになる。

★ 部下は上司のこと信頼に足る人かどうか、常に見極めている。リーダーの誠意は言葉ではなく行動で判断される。

★ 本物のリーダーは部下の課題や目標、悩みを共有し、目標達成に向けて伴走する。

★ リーダーは部署の雰囲気を明るくし、整理整頓に気をくばり、率先して挨拶ができる、前向きな考え方の持ち主でなければならない。

★ 部下が新しい仕事に挑戦するとき、リーダーには全てを受け止めるという強い意志が必要。失敗したとしても声がけ次第で、部下は大きく成長する。

★ リーダーになったからには、商品を作るためにかかる時間やコストを常に意識しなければならない。

第4章

誠実な会社であるための「信頼」の育て方

窮地でも、人として正しい選択をする

会社における「社会からの信頼」は、目に見えない資産の1つだといえます。信頼がなければ、会社は永続的に成長していきません。

しかし、皆さんもご存じの通り、信頼というものは簡単に手に入れることはできません。逆に失うのは一瞬です。

私は、お客様、お取引先、従業員さんとの信頼関係が健全に築かれるよう、人として正しい行動を心がけています。本章では、「信頼」をテーマに、その構築の仕方、取り戻し方についてお話ししたいと思います。

誹謗中傷をする相手と同じ土俵に上がらない

まずは、当社がお客様の信頼を取り戻したときの体験談を紹介します。

私が社長に就任した頃、業界内で当社は「数カ月以内に必ず倒産する」という噂が流れていました。

その出所は、取引契約が終了した元総代理店によるものでした。この元総代理店は当時、当社の売上の80％を占めていたこともあり、取引停止の通告は事実上、倒産を宣告されたようなものでした。

当社の営業マンがお客様のところへ訪問すると、聞くに堪えない悪口や誹謗中傷が流されていたそうです。

もちろん営業マンも快く思いません。噂を流した元総代理店に対して誹謗中傷で反論したくもなるところですが、私は営業の皆さん対して、一切の反論を許さず、次のように答えることを指示しました。

「決して、相手を誹謗中傷する行為で返してはいけない。むしろ、『長年お付き合いさせていただき、多くのことを学ばせていただきました。感謝しかありません』と、相手を褒めるようにしてください」

そのような指示を出しました。

誹謗中傷をされると人は応戦したくなるものです。自分が正しいと思っているならなおさらでしょう。

しかし、**誹謗中傷をする相手と同じような言葉を発すると、いつか必ず自分に返ってくる**と考えた私は、営業部の皆さんに一切、相手の挑発に乗って応戦することを禁じたのです。

最初は納得がいかない様子でしたが、話し合った結果、私の考えを尊重してくれて感謝を述べることを徹底して貫いてくれました。

すると数年後、お客様から「あのときの御社の姿勢には誠実さを感じました」というお声を何社からもいただいたのです。

さらには、元総代理店が続けたネガティブキャンペーンに嫌気がさし、当社にお取引を戻してくださるお客様もいらっしゃいました。

その理由を尋ねると、次のようなお返事をいただきました。

「他社の悪口を言うような会社は、何かあったら同じように僕らのことも悪く言うのではないかと怖くなる。しかし御社は何を言われても反論しない。そういう姿勢の会社だとわかったので、取引先を御社に変えることにしました」

どんな窮地でも、裏切られても、感謝の気持ちを発信する。

私の想いを営業部の一人ひとりが現場で実践し続けてくれたおかげで、信頼を取り戻すことができました。

いわれのない誹謗中傷を流されると、誰もが自分の会社を正当化したくなります。しかし、相手と同じ土俵に上がり、誹謗中傷で応戦することは人として正しい考え方ではありませんし、そのようなことをしても何も生み出しません。

経営者やリーダーが何を選択するかによって、営業マンはじめ現場の皆さんの言動も変わるのです。その選択が信頼へとつながっていくのです。

トラブルに向き合う姿勢を自ら示す

どれだけ社会から認められている企業でも、社内で一番優秀な人でも、ミスを起こしたり、お客様からお叱りの言葉をいただいたりする場面が必ずあります。

当然、私たちのような中小企業では、年間を通じて数多くのミスが発生しますし、大企業から見ると、想像もつかないようなトラブルが起こる場面もあります。

本来なら信頼を失ってしまうはずが、対応次第では、信頼を失わずにお取引を継続していただける可能性もあるのです。

そのためには、リーダーとしてトラブルと真摯に向き合い、決して逃げずに向き合うことです。信頼を失わないためにできることは、この1つしかありません。

お客様のお叱りに真摯に向き合い、決して逃げない。

お客様からの厳しいお言葉は、経営者やリーダーだけでなく、誰にとっても心苦しく、向き合うには勇気がいることでしょう。それでも真摯に耳を傾け、誠心誠意、お客様と向き合わなくてはなりません。

私もそうした経験がいくつもあります。そんな私の経験を２つ紹介します。

責任を受け止め、言い訳をしない

元総代理店との契約が終了したことで売上が激減し、当社は売上確保のために新たな販路を開拓する必要がありました。

そこで、新規営業先としてリストアップしたのは、元総代理店のライバルにあたる会社でした。アポイント電話を入れると結構な割合で面談まで行けるのですが、どうも様子がおかしいのです。

実は、元総代理店はかつて、ライバル会社の商品を叩くネガティブキャンペーンを行って営業活動をしていたようです。

そんなこととは露知らず、私は、元総代理店から執拗なネガティブキャンペーンを受けていたライバル会社に伺いました。そこで、その会社の社長から衝撃の事実を聞いたのです。

ネガティブキャンペーンはＦＡＸや書面で送られていたようなのですが、その書面の差出人には、なんと当社名が書かれていたとおっしゃるのです。

私は「そんなはずはありません」と答えましたが、社長はその書面を私に見せてくださいました。確かに当社名がありました。社長はその物的証拠に、ネガティブキャンペーンの黒幕が当社だと思われていたのです。

もちろん、そのような書面を当社から出したことはありません。それでも、**かつての関連会社がご迷惑をおかけしたのですから、責任は受け止めなければなりません。**

その日、私は新規で訪れたライバル会社の社長から3時間以上にわたって大変なお叱りを受けました。そして、真摯に謝りました。

以上で終わり……ではありません。普通ならここでもう嫌になりますよね。

実は、その後も毎月お詫びに足を運び、**3時間叱られること計4回。**

許していただくまで頭を下げ続けたことで誠意が伝わり、社長の寛大な心にも助けていただき、新たにお取引をいただくことができました。

今でも、その社長とは、昔話をするたびにこの話が笑い話として出てきます。

部下のために、謝罪の意を自らの行動で示す

私が専務の役職に就いていた頃、ある営業マン（A君とします）がゴールデンウィークの前日に、お取引先の社長からお叱りを受ける事態がありました。

「二度と取引はしない！　商品も全て引き上げろ！　売掛金も全て払うから、最後の取引にしてくれ！」と、社長はA君にお金を投げつけたそうです。

その報告を受け、私はすぐに社長へお電話を入れ謝罪しましたが、「取引は終了する！」の一点張り。私はA君に対して「気にしなくてよい」と伝え、ゴールデンウィ

ークはゆっくり休んでリフレッシュするように指示を出しました。
しかし、その裏で私は連休中も毎日、謝罪のため社長の自宅を訪れました。何度、インターホンを鳴らしても門前払いを受けたので、お会いしていただけるまで、自宅の前で待ち続けることにしました。

数日後、自宅の前で待っていると社長のお母様が出てこられ、「たぶん無理やと思うから、もう帰りなさい」と言われましたが、「お会いできるまで待たせていただきます」とお願いをしました。

そしてゴールデンウィークの最終日の夕方、ついに社長が出てこられて、「しつこいのは腹立つけど、何でそこまでするの？」と聞かれ、私は、

「A君は、私に顔向けができないと頭を下げに来ました。そんな彼が、**これからずっと負い目を感じて仕事をするのは、上司としてかわいそうでならないのです。**社長にお許しをいただけるなら何でもします。ですので、ぜひ、もう一度、彼にチャンスを与えていただけませんか？」

と答え、深々と頭を下げました。

社長はしばらく沈黙した後、「**部下のことを思う姿勢は伝わった。**明日もう一度、A君と一緒においで」と言ってくださいました。

翌日A君を連れて訪問すると、「私も言い過ぎた。これからも取引するから、悪かったね」とお許しをいただくことができたのです。このことをきっかけに、この社長だけでなく部下のA君とも、さらなる信頼関係を築くことができました。

人は叱られたときにこそ、その人の本質が現れます。

これは、部下だけでなく上司の対応も同じです。部下がミスを起こしたとき、上司はどのようなフォローをするかによって、その人の本質や人間性が見えてきます。ミスやトラブルは、上司の本質を見抜く最大の機会となるのです。

部下を大切に思うのであれば、**部下のミスは全て上司の責任という運命共同体のような認識を持たなくてはなりません。**どのようなミスであっても、誠意を込めて尽くすことで、先方も心を開いてくれるのです。

迅速な対応が信頼を厚くする

仕事上でトラブルが起きた場合、迅速に対処しなくてはなりません。時間をかければかけるほど、会社の信用度は失われていきます。逆に、**真摯に対応することで、信頼をいただくきっかけにもなる**のです。

当社で実際に発生したトラブルを例に挙げましょう。

10年ほど前に、あるお取引先（B社とします）に卸していた商品の中に、ロット番号と使用期限が印刷されていない不良商品が紛れ込み、誤って出荷するという事件が発生しました。当然、商品は全て回収しなくてはなりません。

B社は、全国に流通網を持ち、この商品が全国へ流通していました。私はすぐに回収の手配を出し、B社の社長のもとへ謝罪に伺いました。

社長からは、どういう経緯で問題が発生したのか、早急な原因解明と再発防止策の立案、そして報告書の提出を求められました。

早速私は、従業員さんを集め、「申し訳ないけれど、休日返上で手伝ってくれないか」とお願いをしました。

役職者の皆さんは、快く引き受けてくれ土日も朝から夜まで原因究明と再発防止策の立案、そしてそれらをまとめた報告書を作成するために尽力してくれました。

もちろん私も従業員の皆さんと共に記録を確認したり、書類を作成したり、休日返上で処理に明け暮れました。

そして、報告書を1カ月半で作成し、B社に提出すると、社長から「すごく早いですね。他社で同じような事故が起こった際に報告書の提出を求めたら、のらりくらりと後回しにされて半年ほどかかりましたよ」と、大変お褒めいただきました。

迅速に、かつ正確な対応を行ったことから、「誠実で真面目な会社だ」と改めて高い評価をいただけたのです。

その後、Ｂ社からはお取引の継続に加えてさらなる拡大をご依頼いただき、現在でも当社と良好なお取引をしていただいております。

トラブルに対する迅速な対応が、Ｂ社からの信頼を取り戻す大きな要因になったのだと思います。これも、全て私と共に休日返上で対処に当たってくれた従業員の皆さんの力があったからだと感謝しています。

仕事をしていると必ず何らかのトラブルが起こります。

しかし、そんなときこそ、**リーダーが率先して、周囲に指示を出し、自らが先頭に立って引っ張っていく必要があります。**決して部下に任せっきりにしてはいけません。

そういった当たり前のことを当たり前にできる経営者には、社内外からの信頼が寄せられるのです。

「無知」こそ、最大の悪

Ｂ社に納品した商品にロット番号と使用期限がない不良商品が紛れ込んだ、という話には続きがあります。

その不良商品の製造を担当した従業員がいたのですが、回収騒ぎの翌日から、急に出社しなくなったのです。何度電話をしても連絡がつきません。おそらく自分が原因であるとわかっていたのでしょう。二度と会社に来ることはありませんでした。

それどころか、ある日突然、郵送で退職届が送られてきたのです。もちろん退職の意向を示されたので受理しました。

さらに、その１カ月後、弁護士を通して退職金の要求をしてきたのです。

不良商品のトラブルがあったがために、従業員の皆さんと休日返上で、原因究明と再発防止策の立案、それらをまとめた報告書の作成、代替品の製造、回収品の後処理、お取引先やお客様に提出する書類の作成といったフォローに全力を尽くしました。

そして、B社のお取引先に対する回収費用の賠償、逸失利益の賠償も済ませ、やっと落ち着いてきた矢先の思いがけない出来事でした。

なぜ、トラブルの原因を作り、皆に迷惑をかけ、会社の信用まで失う事件を起こして逃げるように去った人に、退職金を支払わなくてはならないのか——。私は強烈な憤りを覚えました。

当時、私は社長2年目で、労働基準法のこともよく知らず、「そんな辞め方をした人に退職金を支払う義務はない。B社から損害賠償まで請求されて回収費用まで支払った。逆に私たちが損害に関して賠償してほしいくらいだ」と反論したのですが、労働者は労働基準法で守られています。

法律を前に、対抗することができず、退職金を支払うしかありませんでした。

そのお金は、従業員の皆さんと共に、社業回復を信じて地道な努力を積み重ね、やっと捻出できるようになったわずかな利益です。

そのわずかな利益を賠償金にあて、さらには退職金を支払ったため、その期は賞与を支給することができなくなりました。

どうして、会社やお客様のために頑張った皆ではなく、不誠実に辞めていった人が守られるのか。私は、誠実な者が守られない労働基準法の在り方に対して、はらわたが煮えくり返るほどの悔しさを感じました。

しかし冷静になって、なぜこのようなことが起こったのかをよく考えたところ、**最も悪いのは「無知な自分」であることに気づいたのです。**法律も知らないで、経営者気取りになっていた、無知な自分こそが最大の原因であることを痛感しました。

もう二度と同じような想いを皆にさせてはいけない。**利益は、会社を想って貢献してくれた人に正しく分配できるようにしたい――。**

そんな想いで労働基準法について基礎から学び、就業規則と退職慰労金制度を自らの手で一から作り変えることにしたのです。

さらに、経営者やリーダーの私心で基準が変わらないように、昇格規定、昇給規定、社員の等級、面談システム等も整備していきました。

しかし、従業員の皆さんの立場で考えてみると、就業規則や退職慰労金制度の変更は、将来に対する不安でしかありません。その不安を解消するために、何度も話し合いの場を設け、皆さんからの質問に対して真摯に答えました。

また、私は無知すぎて契約の本当の意味すら理解していませんでした。契約という言葉をイメージだけでとらえていたのだと思います。ですので、労働基準法を学んでから、新入社員の方々に必ず伝えていることがあります。

「**労働契約とは、従業員さんと会社のお互いの約束事**です。従業員さんには、会社に利益が出るように、誠心誠意、周囲の方々と協力して努力を重ねていただく義務があります。会社経営者には、従業員の皆さんの労務提供に対する対価（給与）をお支払いする義務があります。もちろん互いに権利もあって、そうしたさまざまな約束事が就業規則に記載されています。ですので、**経営者である私が就業規則を破ったら遠慮なく指摘してください**」

よく企業では、経営者が上にいると勘違いをしている方がいます。

ある大学の講義で「**組織とは上下関係ではなく、本来、協働関係である**」ということを教わりました。

確かにその通りだと思います。組織の関係性の維持は、**相互に信頼し合って成り立っている**のです。

経営者が無知であると、その組織に信頼関係など生まれるはずもなく、経営者が見ているときだけ従うフリをして、その裏側では無秩序な世界が作り出されてしまいます。そうなると、組織はいずれ崩壊へと向かいます。

「人としての義」を優先する

資金に困窮しているときほど、目先の利益を優先してしまい、正しい判断力を失う可能性が高くなります。目の前のお金を追いかけたくなるのは、経営者なら誰でもあることだと思います。

ですが、そのときに忘れてはいけないのが、**長期的かつ多角的な視点をもって判断する**ということです。目先の利益を追いかけるあまり、周囲の信頼を失い、気づいたときには味方がいないという状況に陥る可能性があるからです。

江戸時代中期の思想家・石田梅岩の教えに「**先義後利**《せんぎこうり》」という言葉があります。「**人としての義を先に尽くすことで、利は後から自然とついてくる**」という意味で、もともとは中国の儒学者による言葉です。

私は、経営を行う中で遭遇した窮地の場面において、必ず「先義後利」の教えや経営の神様と呼ばれる松下幸之助氏や稲盛和夫氏の言葉を振り返り、何が正しい判断なのかをじっくりと考えるようにしています。

ピンチのときこそ「人としての義」を貫くことが大切だと考え、目の前の資金よりも、人としての義を優先したシーンが何度もありました。その１つを紹介します。

社長に就任した頃の話です。

業界内では、当社が倒産するという噂が流れていました。私たちがどれだけ「必ず会社は継続していきます」と言ったところで、全く信じてもらえません。

また、倒産の噂が出るようなメーカーの商品を扱っていては、自分たちのお客様にもご迷惑をかけると危惧した販売店さんもおられ、取引の終了という経営判断を下すお取引先も出てきました。

ある日、当社の営業マンが担当先を訪問し、「いろいろな噂が出ていますが、会社は大丈夫ですので、引き続きお付き合いをお願いしたいです」と話したところ、「御社は販売店の私たちを飛ばして、ユーザーに直接、商品を販売するウェブサイトを持っているじゃないか。そんな販売店を守ろうとしないメーカーは信用できない」と一蹴されたことがありました。

担当営業マンは、帰社するなり、私にこの件を報告したのです。当時、当社は自社通販サイトを運営していたため、ユーザーであるお客様は販売店を通さずに、直接メーカーである当社のサイトから商品を購入することができました。

ある意味、販売店のお客様を当社が奪っているような構造になっていました。「もしかすると、他の販売店も同じように考えているのではないか？」と思い、営業部のメンバーに販売店の皆さんの声を集めるように指示を出しました。

結果は、最初に「信用できない」とおっしゃった方と同じような声が山ほど出てきたのです。

当時、当社の通販サイトでの売上は、年間で約1億円を超えていました。消費者への直販ということもあり、利益率も高かったのです。

そして前述の通り、当社には莫大な借入金があるだけでなく、急激な売上低下もあり、**通販サイトを取るのか販売店を取るのか、究極の選択を迫られました。**

当然、資金が枯渇すると企業は倒産に陥ります。利益率の高い通販を捨てるのは、苦渋の選択です。

私は会社のリーダーとして、どちらを選択するべきか悩みましたが、「**先義後利**《せんぎこうり》」の精神を重視し、通販サイトを辞める選択をしました。

つまり、**目の前にある１億円を捨て、会社の未来を支えていただけるお取引先との信頼関係を選んだのです。**

会社が窮地に立たされている状態でしたが、これまで事業を支えていただいた販売店の皆さんに誠意を伝えるためには、まずは恩返しをするのが義だと考えたのです。

それからすぐに通販サイトを閉鎖し、１億円の売上がなくなりました。

しかし、その選択が、販売店の皆さんの好感を呼び、不思議と業績は回復していったのです。

「先義後利」の教えの通り、眼前の自利を捨て、義を通したことで利益は自然とついてきたのです。

窮地に立ったとき、人は心が曇ります。

窮地のときこそ、人として何を大切にするべきかを、焦らずに、自らの心と何度も対話を重ねることで、自然と正しい選択に行き着くのです。

平等性の遵守が部下との信頼を生む

この章の最後に、上司と部下の信頼関係について考えたいと思います。

組織のリーダーも人間ですから、「この人とは仕事がしやすい、話しやすい」といった相性で組織のメンバーを選ぶこともあるかもしれません。

しかし、組織のリーダーを務めるのであれば、全員に対する平等性を遵守しなくてはならないのです。

当社では、毎年、昇格試験が行われます。２月に受験を希望する方のエントリーシートを募集し、書類審査を行います。そして３月の前半に試験が行われ、月末の個人面談において結果を通知するのが通例です。

ある年の昇格試験で、普段から私とよく話し、会社の理念や自部門のミッションステートメントへの理解度も高く、社内のさまざまな取り組みに対しても、常に積極的に参加する従業員さんが試験に臨みました。

周囲の上司や同僚からも、「彼は社長の想いを大切にする子だから、絶対通るだろう」と受験前から言われていたようです。

しかし、残念ながら結果は、合格点に届かず不合格でした。

この結果は、他の従業員さんたちにも非常に大きなインパクトを与えました。試験の後、ある中間管理職の方と話す機会があり、「社長は本当に平等な目線で試験をしているんですね、彼が落ちたのは全員驚きました」と言われたのです。

この一件から、**昇格試験が経営者の個人的な判断で決まるものではない**と、皆さんに認識してもらえたようです。

私は、不合格の理由を本人に伝え、「来年期待しているよ」と声をかけました。そして次年度に彼は、前年度の課題を期待通り克服し、見事合格を勝ち取ったのです。

他にもこんな例があります。

数年前から新規事業を立ち上げようと、そのプロジェクト担当に任命した女性従業員（Cさんとします）がいました。

当然、新規事業は、それまで経験したことのない事業ですので、進めるたびに想定外のトラブルが起こり、私との打ち合わせの回数も自然と増えます。

そのような状況を見た周囲の人たちは彼女に、「社長の秘書のようになっていて大変だね」「社長にかわいがられているね」と声をかけることもあったようです。

私は彼女を秘書のように思ったことは一度もありませんし、本人もそのような意識は持ち合わせていなかったはずです。

しかし、周囲からそうした声を聞くうちに、彼女自身も「私は社長に気に入られているから、少しはラクをしても大丈夫かな？」という甘えが生まれたのでしょう。

ある年の半期、ほとんど成果を上げなかったことがありました。成果がないのですから、もちろん会社としては評価などできません。

その期のCさんの賞与はゼロに近い金額となったのです。

賞与明細を渡した翌日、彼女は泣きながら私に「少しお聞きしたいのですが、なぜこういう評価になったのでしょうか？」と、納得いかないような様子で金額のことを聞きに来たので、彼女にこう尋ねました。

「Cさんはこの半期に、何を成し遂げたか説明してくれる？」

「……何もありません」

「賞与は全員で積み重ねた利益を、努力の度合いに応じて分配する機会です。その査定は、公平に行われるのが原則であり、それが経営者である私の責任でもあります。もし、**査定に公平性がなくなれば、従業員の皆さんからの私に対する信頼性が失われるわけです。**この話を聞いて、それでもCさんはこの評価が不公平だと感じますか？」

「……いいえ」

「そうですね、その評価は正しいということです。なぜ、このような結果になったのかを心に留めておき、これからも頑張ってください」

自身の半期を改めて振り返る機会を与えることで、彼女は納得してくれました。

さらに、Ｃさんはこんなことを言いました。

「これまで何事もなく給与もいただいていましたし、それが当たり前だと思っていました。お金というものは簡単に手に入れることができないことを改めて学びました。次の半期は今回の反省を活かして頑張りますので、私に何が足りなかったのか教えてください！」

彼女の悔し涙とこの発言を受け、「Ｃさんはこれからさらに成長するだろうな」と確信を持ちました。半年後、彼女は私の予想を超える成長を遂げてくれたのです。

近年、「ハラスメント」という言葉だけが独り歩きし、指導とハラスメントの違いすら理解できないリーダーや社会人が増えているようです。

人を育てようという愛情のある厳しさまでもハラスメントという言葉でひとくくりにされ、円滑な企業活動が損なわれている印象を受けます。

では、なぜそのようないびつな社会構造になるのか。

それは組織のリーダーの言葉と行動が一致しないことが大きな要因の1つだと思います。

部下や後輩は、組織を率いるリーダーの言葉と行動の整合性について、無意識のうちに自分の中で学習していきます。

この整合性が保たれているリーダーに対しては、言葉と行動が一致するので、叱られたとしても「なるほど、あの人が言う通りだ」と納得できるのです。これが信頼感へとつながっていきます。

しかし、言葉と行動の整合性が全く取れていないリーダーの場合はどうでしょうか。もし社長が「一生懸命に仕事をしましょう」という言葉を社内で発していたとしても、その社長が平日にゴルフをしていたとすると、従業員の皆さんはどう感じるでしょうか。叱られたとしても不満しか生まれないでしょう。

どんなときでも、平等に愛情を持って接することが、お互いの信頼感を生む最低条

件だと思います。

普段から、経営者やリーダーが、自身のさじ加減や気分で人を判断しているなら、部下からも、「好き嫌いで決めている」と見られても仕方がありません。

平等性を遵守し続ける姿勢が、本物の信頼感を生むのです。

第4章のまとめ

★ お客様、お取引先、従業員さんとの信頼関係を築くことは会社にとって大きな資産。しかし、信頼は簡単に手に入らず、逆に失うのは一瞬である。

★ 窮地に立たされたときでも、人として正しく選択し迅速に対応することで信頼は生まれる。

★ ミスやトラブルは人や組織を見抜く最大の機会。上司は部下のミスの責任を全て負うという、運命共同体のような認識を持つべき。

★ 本来、組織とは上下関係ではなく協働関係であり、相互に信頼しあってこそ成り立つ。

★ 信頼関係を育むためには、長期的かつ多角的な視点が必要。「先義後利」という言葉の通り、人としての義を先に尽くすことで、利は後からついてくる。

★ 上司は部下に対してはどんなときでも平等に愛情を持って接することが、信頼関係を築くための最低条件である。

第5章

「アイデア」が、仕事の結果を変える

営業の成果は「準備」で決まる

私が社長に就任したとき、売上の80%がなくなり、会社には13億円の借金もあり倒産間近といえる状態でした。

このような土俵際から、たった1年で赤字を解消することができた大きな要因として、営業力が挙げられると思います。

ただし、普通に営業活動をするだけでは足りず、そこにさまざまな「**アイデア**」をプラスしました。

そのアイデアのベースとなっているのは、私がフルコミッションの会社で鍛えられた営業術にあります。

前述の通り、私は土下座するほど契約の取れなかった営業マンです。それでもトップセールスマンになることができました。そこで教えられたことが、今でも私を支えています。そして、そこで学んだ知恵は、従業員さんに惜しみなく伝えています。

私は営業マン時代から、常に営業方法を検証する癖がありました。たとえば、10件のお客様に対して２種類の営業トークを準備し、５件ずつトークを変えます。そして、どちらの営業トークが契約までたどり着く確率が高いか比較していました。

さらに後日、その確率が高いほうのトークを別の営業現場でも試し、本当に再現性を持つのか検証しました。再現性が高ければ高いほど、その営業トークは他の人にも共有できるからです。

もちろん、営業トークを覚えるだけで、簡単に成果が出るほど営業は甘くありません。もう１つ、**営業として成果につながるポイントが「準備」**です。

当社の営業マンが、お取引先に対してプレゼンを行う機会があります。私は、必ず訪問する前に営業マンがどのような資料を準備しているのかをチェックするようにしています。主に次の部分を確認しています。

①相手の情報を確認する

まずは、どのような会社なのかを知るのがスタートです。

会社の規模、何県の何市にあるのか、会社の近くの観光地や名産品、従業員数、主要商品、販売する商品の価格帯、社長の年代やSNSの確認、さらにはSNSのフォロワーやフォローしている方を見て共通の知人がいないか等も確認します。

その他には、会社の販路と販売方法、ホームページなどを詳細に聞きます。

それらが答えられなければ営業トークが成り立ちません。営業で成果を出すための第一のステップとして、相手の情報が必ず必要になるのです。

②提案する内容と資料の内容を確認する

次は、提案する内容と、そのために準備をした資料を見せてもらいます。寄せ集めの資料の場合、NGを出すことがほとんどです。

担当営業マンとして、自ら資料を考えて準備したか、もしくは自ら作ったかどうかが実は非常に重要なポイントです。

なぜなら、お客様の顔や声は、その担当営業マンしか見ることができません。私たちが会社にいて詳細までわかるはずがありません。

お客様の課題は、その担当者にしかわからないのです。

つまり、お客様の課題をクリアしたいと思うのであれば、必ず自分で資料を作る必要があります。自分で作れない場合でも、サポートする従業員さんに「こういう資料を作ってほしい」と熱意を持ってお願いするはずです。

さらに言うと、でき上がった資料を見て「ここはこういうイメージで伝えたい」などの要望も出てくるはずです。会社にある資料を寄せ集めて、単に資料に沿った説明をするだけでは営業としての成果など上がるはずがありません。

③資料を出す順番まで確認する

提案するための資料を確認する上司はきっと多いと思います。しかし、資料をどの順番で出すかまで考えている営業部員は少ないはずです。

私の場合は、どのような流れで話し、どのタイミングで資料を出すかまで必ず確認します。

なぜなら成果を出す営業マンは、必ずお客様のことを頭に思い浮かべ、何度もシミュレーションを行うからです。シミュレーションを何度も行うことでお客様に対する話し方は、どんどんとスムーズになっていくのです。

要は、**営業活動を行う前から、すでに営業を行っているのです。**この「資料を出す順番」が、実は営業の成果に大きな役割を持つのですが、あまり注目されていません。

ぜひ、皆さんも営業の資料を出す順番まで、しっかりと考えてください。少しずつ結果が変わり始めるはずです。

営業が断られる2つの理由

営業の仕事なら、お客様にお断りされることはよくあるでしょう。おそらくお客様が断るときには、さまざまな理由が出てくると思います。商品がイマイチ、今は必要なタイミングではない、ネーミングがダサい、仕入れ先は決めている……など。

さまざまな理由が挙げられるのですが、私は営業として断られる理由は、究極的に2つしかないと考えています。

それは、**「営業マンに対する信頼がない」**か**「値段が高い」**かです。

この2つの壁をクリアできれば、NOをYESに変えることができます。

そのために、どのような営業活動を行えばよいのか。私は社内の営業マンたちに次のようにアドバイスをしています。

「営業マンに対する信頼がない」の対処法

当社では、新規のお客様に対して、初対面でいきなり商品提案や会社説明を行うことを強く禁止しています。

最初のステップとして、「**人として知っていただくこと、お客様を知ること**」から始めます。

ですから営業マンには、1回目の商談では契約が取れなくてもよいと伝えています。その代わりに、必ずしなくてはならないことがあります。それは「**お客様の現在の課題や悩みを聞いてくる**」ことです。

初対面で契約を取れるスーパー営業マンなど、現実的には世の中にわずかしか存在しません。

それを考えると、1回目の商談では、次回の商談を確約していただける人間関係を構築することが重要です。これが信頼を積み重ねるための第一歩です。この理由は考えてみれば誰でも納得できるはずです。

1回目で信頼を勝ち取ることは、どれだけ凄腕の詐欺師でも不可能でしょう。要は、2回目、3回目と回数を重ねることで信頼関係は構築されていきます。ですので、1回目の商談の目的は2回目につなげることと当社では定めています。

では、実際にどのような会話をお客様と重ねると2回目につながるのか。ポイントをお伝えしましょう。

●時間を決めて会話のキャッチボール&ワンワード禁止令

「時間を決めて会話のキャッチボール」とは、営業マンが15～20秒程度話したら、意図的にお客様へ会話を振り、お客様にたくさん話していただくことです。たくさんお話しいただくことで、お客様の現状や課題がわかってきます。

そして、もう1つのポイント「ワンワード禁止令」とは、**お客様から会話を受けた**

場合、1ワードでは絶対に返さないことです。

たとえば、「今日はよい天気ですね」とおっしゃった場合、「そうですすね」などとは絶対に返しません。

当社の営業マンたちは「そうですね、今日はよい天気ですね。こんな日は外でのんびりと過ごしたいですね」と、何らかの話題を1つ以上プラスして返答することで、無機質な営業から、人間味あふれる営業へと驚くほど変化します。

これらの技術を、営業の新入社員さん全員に練習してもらいます。練習することで、しっかりと返答スキルが身につき成長していきます。

- **会社案内は対話中に行う**

当社では1回目の商談での会社案内を禁止しています。

たとえば、ユニクロに洋服を買いに行ってファーストリテイリング社の話をされますか？　自動車販売店でメーカーの歴史の話をされますか？　もちろんされませんよね。

これはＢｔｏＣに限った話ではありません。

ＢｔｏＢでも人の心理の奥底にある原則はＢｔｏＣと全く同じです。ダラダラと会社案内をされても、誰もそんなことに興味もありませんし、真剣に聞くことなど皆無に等しいでしょう。

会社説明をせずに会社のことをお客様にお伝えしたい場合は、お客様のお話の中から共通点を探して、「当社も同じなんですよ。なぜなら……」とさりげなく説明を盛り込みます。

他にも、他社との比較などを行う中で「Ｄ社さんも歴史は長いですが、当社も140年を超える歴史を持ちます」と自社の情報を盛り込んでいくのです。

・担当者以外の人にも関わりを持つ

営業に行くと、緊張もあることから、どうしても目の前の担当の方にしか目がいきません。しかし、**少し視野を広げることで、次のアポイントに役立つ情報が現場にはたくさん存在している**のです。

たとえば、営業先で担当の方が一人であった場合、「○○部はEさん以外に何人いらっしゃるんですか？」とお聞きすることで人数がわかります。

複数人が所属していることがわかれば、「そんなにいらっしゃるんですか？　でしたら、せっかくの機会なのでぜひ、他の方にもご挨拶だけでもさせてください」と伝え、Fさん、Gさんにもご挨拶をさせていただきます。

そして、ご挨拶を済ませて商談が終わったら、自身の携帯電話の電話帳にご挨拶をした方々の名前も入れるのです。

すると電話をかけるたびに、相手の名前が表示されるので、担当のEさん以外にもFさん、Gさんの名前も必ず目にすることになります。これに何の意味があるかというと、実はアポイントの電話のときに役立つのです。

2回目の商談をお願いする際に、担当のEさんに電話をするのは当然ですが、会話の中で、FさんやGさんのお名前を出して、「Fさんはお元気にされていますか？

Ｇさんは最近どうされていますか」と聞くのです。

そうやって**話に花を咲かせてから、アポイントの件を出すほうが、アポイントの成約率が非常に高くなります。**ぜひ試してみてください。

「値段が高い」と言われたら

もう１つの断られる理由、「値段が高い」についてはどう対応するとよいでしょうか。きっと多くの方は、「それでは再度お見積もりを調整させてください」「どれくらいなら即決いただけますか」など、自社商品の価格を抑えることに思考が向かうはずです。

しかし、私は絶対にそれをしません。安くすればモノは売れて当たり前です。

営業という仕事は、高いモノでも、その価値を相手にご理解いただき、高いまま販売する職種のことだと私は思っています。値引きをして安くして売るのは、誰でもできることです。

ですので、「値段が高い」と言われても私はこうお伝えします。

「安いほうがよろしければ、安い値段でも生産は可能です。しかし、品質はもちろんパッケージにもこだわりをお持ちで、御社のブランドイメージと理念に見合うものを作らなければと思って提示させていただいたつもりでした。そうではなくて、今回は品質よりも値段を最重要視するということでしたら、いつでも気兼ねなくおっしゃってください。安い製品をご提案いたします」

すると、お客様の値段に対する反論は、不思議と減ることが多いです。


もちろん別の方法もあります。それは、**「値段が高い」に付加価値をつける**ことです。私は、商品の販売ノウハウを、お取引先の営業マンに無料でレクチャーするサービスもつけたこともあります。


競合会社と相見積もりをとって、検討されているお取引先がいらっしゃいました。

そこで、「今、値段が安くても1年後に1000本しか売れない商品と、高くても

1年後に1万本売れる商品と、どちらがいいですか？　私は、1年後に1万本売る販売スキルを御社の営業担当の皆さんにお教えさせていただきます」と、提案して購入を決めていただいた経験が過去に何度もあります。

長期的な経営視点で考えてくださるお客様なら、「1年後に1万本売れるメリット」を選択してくださいます。いくら単価が安くても、全く売れなければ在庫として残ってしまいますし、最終的には廃棄することになります。

それよりも、**仕入れが高くても、しっかりと売れるほうが、お客様は喜ばれるのです。**

以上、ここで紹介した例は、数多く持つ営業ノウハウの一部でしかありませんが、営業活動のヒントにしていただけたらと思います。

「営業マンに対する信頼がない」「値段が高い」といった断られる理由も、お客様の立場に立って真剣に想像することで、いくらでも打開できるのです。

他社を知る努力を重ね、勝負所を見極める

多くの会社は、競合他社と切磋琢磨し合い、商品やサービスの向上を競っています。皆さんは、自社の強み、弱み、他社との違いをどれくらい把握できているでしょうか。

社長に就任したばかりの頃、私は**競合他社と勝負をするためには、まず相手を知ることが重要だ**と考えました。

大手企業では、調査分析の専門部門が社内に存在し、他社分析をしっかりと行うのが常識ですが、中小企業ではそうした部門がある会社のほうが少ないのです。

経営者のセンスと感覚でプロジェクトを進めることが多いと思います。

しかし少し冷静になって、自社と他社の違いを紙に書き出して分析することで見えないものが数多く見えてきます。

私も、紙に書き出して分析するところから始めました。

どのように分析したかというと、まずは、「製造ノウハウ」「営業力」「販路」「集客力」「販売力」「知名度」「企画力」「研究力」「行動力」「情報力」など、事業を構成する要素を挙げます。

そして、それぞれの項目についてライバル会社よりも勝っていれば○、敗けていれば×をつけていき、どの項目なら勝てるかを分析することにしました。

×がついた項目に対して、当社が勝つためにはどういうことをすればよいかを書き出します。そして、次にどれくらいの費用や人がいるかも考えます。そうした作業を全ての項目で行い、書き出した後にじっくりとノートを見つめて考えるのです。

当社の場合、他社と比較した際に最も勝っていると思ったのが「営業力」です。これがあれば、「集客力」「販売力」も時間をかければ○になると思いました。とはいっても、営業力だけで勝負しようとは思いません。ライバル会社と比較して、敗けている項目と確実に勝っている項目は、ひとまず置いておくのです。

着目すべきは、ライバル会社も当社もできていない項目。お互いに、まだそこに力を入れていないというわけです。**双方がゼロなのですから、イチに変えることができれば、圧倒的な差をつけることができます。**

私が目をつけたのは「研究力」でした。ライバル会社も当社も、研究の経験が浅かったのです。だからこそ、自社内に研究開発部を立ち上げることを決意したのです。

別の業界の例になりますが、電気ポットの製造の分野でこのような話を聞いたことがあります。

複数の電気ポットメーカーが、市場シェアを獲得するために、さまざまな新機能を次々と付加していきました。

温度調節、容量、保温、電気代カット、予約機能……といった、一見便利に思える機能が続々と加えられ、価格もどんどん高騰していきました。

結果的にどのメーカーが勝利したかというと……最も人気を集め、シェアを一気に伸ばしたのは、「温めるだけ」というシンプルな機能しか搭載せず、手に取りやすい低価格帯の商品だったのです。

おそらく、そのメーカーは、**自社の強みとお客様のニーズ、そして他社の思考を知る努力を積み重ね、どこで勝てるのかを見極めた**のだと思います。

自社の強みがないとしても、少しの工夫で作り出すこともできます。

まずは、他社を知る努力を重ね、自社と他社の違いを冷静に分析し、勝負をするポイントを見極めることです。

電話やSNSの活用法を考え、関係構築に活かす

新規営業のツールとして、今も昔も、「電話」は欠かせないでしょう。昔は電話しかない時代だったので、リストを作成し、やみくもに電話をかけるしかありませんでした。

しかし現代においては、電話だけでなくSNSやメールという意思伝達手段の種類も増え、その活用方法によっては、電話よりも断然、便利と言わざるをえないでしょう。ところが私はいまだに最強の接触ツールは電話であると言い切ります。

そんなものは時代遅れだと感じる人もいるかもしれませんが、SNSもメールも、向こう側にいるのは確実に人なのです。

感情を持つ1人の人間が対応しているのです。つまり、人の感情の部分だけはデジ

タルやＡＩがどれだけ進歩しても、絶対に勝てない部分であるということです。

それでも、ＳＮＳや電話の活用次第で人間関係を構築することが可能です。その方法を少し紹介しましょう。

まず、ポイントは「誰をターゲットとするか？」です。

昔から決裁権のあるキーマンに接触することが営業の鉄則と言われます。私もそこは同じ考えです。社長やナンバー２もしくは担当部門の責任者といった**決裁権がある人に対して、いかに直接、営業活動を行えるかが最初の難関**です。

しかし、ターゲットとする会社の規模が大きくなるほど、新規営業で決裁権を持つ人にたどり着くことは難しくなるものです。

そのような場合、私はＳＮＳを活用します。

最近では、社長個人や社員一人ひとりもＳＮＳのアカウントを持ち、情報を発信していることが多いからです。その情報をつぶさに確認して、共通の知人がいるかどうか、同じイベントに参加したことがあるかなど、共通の接点を探します。

共通の接点が見つかれば、ファーストコンタクトとして、SNSのコメント欄からその共通点を引き合いに出してコメントを送るようにしています。そこからダイレクトツールで会話を始めるようにしています。

全く知らない他人よりも、何かしらの共通点を持つ人のほうが、親近感を持って話を聞いてくれるからです。

近年、私も経験がありますが、ダイレクトメッセージで突然「初めまして」と知らない方からメッセージが届き、会社案内とサービス案内をするような人がいます。こういうことをすると即座にブロックされる確率が上がってしまいます。

ですので、まずファーストコンタクトはコメントや「いいね」を活用して、自分の存在を相手に知らせるのです。それから第2ステップとしてダイレクトメッセージを送るのです。

最高のタイミングは、相手から「いいね」をもらった後や、コメントに返信が何度かあった後です。

そのときに、共通の知人に関する具体的なエピソードを話すことで、より親近感が高まります。共通の知人がいることがわかれば、その知人とどこで知り合い、どんな話をしたかといったエピソードを具体的にメッセージで送るのです。

共通の接点が見つかればよいですが、全く接点が見つからないこともあるでしょう。その場合は、相手のSNSに「いいね」を送るところから始めます。

知らない相手でも、「いいね」をしてくれる人のことは気になるものです。どういう会社の人なのかと気になって、ホームページなどを見てくれる可能性もあります。

そして、「いいね」を送り続けて3カ月ほど過ぎたら、ダイレクトメッセージまたは電話で連絡を入れましょう。

このファーストコンタクトのやり方にも実は秘訣があるのですが、それは皆さんも一度、ご自分でこんなトークがいいのでは？　と考えてみるのも楽しいですよ。

ちなみに最近では、電話番号を公開していない会社も増えています。そのような場合も、活用できるのがＳＮＳです。

その会社の代表ＳＮＳアカウントに「いいね」を送り続け、３カ月後にダイレクトメッセージを送るのです。

まずはＳＮＳ担当者と関係を築くところから始めましょう。そこから、キーマンの情報を尋ねたり、キーマンにつないだりしてもらうことができます。

最後に１つだけ注意点があります。大きな規模の会社だと、代表の方と関係性が築けたとしても、現場担当の方からすれば、自分を飛ばしてトップダウンで来たと不満に感じる場合もあります。

会社にはさまざまな部署があり、皆さんそれぞれ真剣に仕事をされています。ですので、そうした方々の立場も考えて営業活動を行わなければなりません。最初に書いた通り、相手は人なのです。必ず感情があります。

相手の立場になってよく考え、行動しなくてはよい営業マンとは言えません。

ぜひとも相手の立場も尊重できる営業マンになってください。

意識のアンテナを立てる

近年ではインターネットの普及によって、必要な情報に対して手軽にアクセスすることが可能となりました。

体験しなくても他者の体験を共有することで、だいたいのイメージは湧きますし、現地を訪れなくても情報を得ることができる便利な世の中になりました。

しかしいつの時代になっても、リアルな体験に勝る経験はないと思うのです。

どれだけインターネットの情報が充実したとしても、中小企業の中には、ホームページやSNSを持たない会社もあります。さらには、会社名や、目的とする言語で検索しても、ヒットしないこともあります。

インターネットの検索で表示されなくても、現実に存在する会社はたくさんあるのです。

そのような目に見えない情報は、現地に足を運び、自分の目で確かめるというリアルな体験でしか手に入らないのです。

営業職の方の中には、日本全国、さらには世界を飛び回る方もいらっしゃるでしょう。私はこうしたリアルな体験を大切にするよう、営業部の皆さんに次のように伝えています。

「営業中や出張中にボーッと移動してはいけません。営業成績を上げて会社に貢献したいと願うのであれば、**常にアンテナを立てるのです。インターネットではわからない情報がたくさん現地には落ちているのです。**移動しながら、現地でしか得られない情報を探し、場合によっては飛び込みで挨拶をするくらいの意識を持たなくてはなりません。**意識をしなければ見えないものが、世の中にはたくさんあるのです**」

意識のアンテナは非常に大切です。たとえば、「上から何か落ちてこないかな?」と上ばかりに意識を向けていたら、足元に落ちているかもしれない100万円を見逃すこともあるでしょう。

しかし上下左右に意識を向けておけば、今まで気づかなかったことが見えるようになります。

リアルな体験の中で、どこに意識を向け、何を考えるか。それが未来の自分にとってプラスになるかどうかの別れ道になるのです。

大胆な「フィールドチェンジ」を考える

私が海外での売上比率を高めることを真剣に考え始めたきっかけは、業界内で当社の倒産の噂と誹謗中傷が流れたことにあります。

国内で悪い話ばかりが広がっていたこともあり、新規のお客様を獲得することが非常に難しい状況になっていたことが、フィールドチェンジに挑戦するよいきっかけとなりました。

「噂があるならば、噂が届かない海外で売ればよいだけだ。海外なら国内の誹謗中傷なんて届かないし関係なく営業ができる！」

そのように営業部の皆さんに伝えると、皆は「単純に考え過ぎではないですか？」

と言いましたが、いろいろと考えても国内では苦戦している現状です。同じ苦戦をするのであれば、マイナスから勝負するのではなく、ゼロから勝負できるほうを選択したのです。

確かに国内営業だけをしている会社にとって、海外進出というと、言語の壁もあり、非常に困難な道のりに感じるかもしれません。

言語以外にも貿易や法律の知識、文化の壁など、クリアすべき課題は山積みです。

しかし、それらの課題を超えて海外の会社と意思疎通ができるようになれば、パートナーとして固い絆で結ばれ、力を尽くしてくれるというのが私の海外企業に対する印象です。

当時、当社の海外取引先は、父である先代社長の時代からお付き合いのあった1社のみでした。その会社は、台湾の高雄にあり、10年以上のお取引実績がありました。

私たちが本格的な海外進出を行うには、資金もあまりかけられないのが現実的な問題でしたので、低予算で大きな売上を得ることを考えなければなりません。
そのため、まずは台湾のお取引先があることから、台北で新規開拓を行ってみることにしました。

アポイントは台北の会社のホームページをひたすら検索し、インフォメーションメールからアポイントの打診メールを送ります。私は英語ができなかったので、英語が得意な姉に頭を下げ手伝ってもらいました。

先方から返信メールがあれば、商談に向けて打ち合わせを進めていきます。
そして、事前にメールで「言葉ができないけれど現地で会話は問題ないか」ということも確認しました。台湾は親日国なので、日本語ができる方も多く、意外と意思疎通が可能であることがわかりました。

アポイントが取れると営業部長と２人で台湾に飛び、新規営業を行い、お取引先が少しずつ増えていったのです。

数年後、英語・中国語・日本語ができるトリリンガルのスタッフが入社してくれることになり、その方のおかげで言葉の壁はなくなり、本格的に海外事業部を設立することができました。

その後は、営業部長とそのスタッフさんに海外の市場拡大をお願いしました。2人は台湾を皮切りに香港、マカオ、中国、ベトナム……と、積極的に新規開拓を行い、現在は9カ国まで取引を拡大しています。

国によっては商習慣が異なったり、取引の傾向があったりするものの、意思疎通ができるようになり、パートナーとして認めてくれれば、市場を拡大するために協力してくれるようになります。本当にどの国の方々も前向きに対応してくれました。

私の場合は、以前から台湾との取引があったため、海外へのハードルは少し低かったかもしれません。もしかすると会社が窮地に陥っていたからこそ、大胆なフィールドチェンジに走ろうという決断になったのかもしれません。

しかし、**海外の方とのビジネスは、きちんと誠意を尽くせば、国境を越えて末長く**

付き合いのできるパートナーになれるというのが私の印象です。

海外との接点が全くない場合でも、国内で開催される業界向けの展示会に出展してPRすることもお勧めです。来場者の中には、海外の方がいらっしゃることもあります。

以前、東京ビッグサイトで開催された健康食品のイベントに出展した際に、通常は国内の新規取引先を獲得するためにブース出展するのですが、あえて海外の企業だけに狙いを絞ったことがあります。

外国の方の目を引く和風テイストを前面に押し出したブースデザインにしました。歌舞伎や和服のちょんまげ姿の武士のイラスト、寿司やうどんのメニューに模した商品説明を中心にデザインし、海外の方との商談を狙いました。

そのイベントの外国人来場者の割合は５％だったそうですが、あえてその５％を取りにいったのです。

おかげさまで、多くの外国人来場者が足を止めてくださいました。

私の実感ですが、外国の方は、「日本の会社はしっかりとしたものを作っている」と思ってくださる方が多いようです。会社の歴史や特許取得の有無も重要視されます。日本国内での市場で成長のヒントが見当たらないときには、海外への大胆なフィールドチェンジを考えてみることもお勧めします。

「今あるもの」の活用法を見出す

当社の営業部の皆さんに、過去、最も苦労をかけたシーンとして思い出すのが、業界内で倒産の噂と誹謗中傷が流されていた頃のことです。

営業マンたちが外回りをしても、お客様から「おたくの会社は潰れるという噂を聞いたから」と、全く相手にされなかった時期がありました。

あるとき、１人の営業マンから「どこに行っても倒産するという誹謗中傷で相手にしてもらえません。『当社は元気です！』ということを業界に示すためにも、安い業界紙でよいので広告を出してくれませんか？」という声が上がったのです。

売上が大きく下がっていたこともあり、業界紙とはいえ、気軽に広告を出せる資金がありません。

「気持ちはわかるが、今は資金を出す余裕がないから諦めてほしい」と突っぱねました。営業部の皆さんも、私の言葉を聞いて大きく落胆したと思います。

しかし、外回りをする皆さんの苦労を思うと、「お金はないが、何かよいイメージを持っていただくきっかけを作ってあげたい」という葛藤が続きました。

その当時、当社では大幅な売上減少もあり、工場はあまり稼働していない状態でした。

「稼働していないだけで、工場や機械はちゃんとある。これらを活かして何か会社にとってプラスになることはできないだろうか……」。そのようなことをずっと考えていました。

そんなある日、営業活動の道すがら映画館の前を通りました。あまり映画は観ないのですが、なぜか足を止めて、「どんな映画を上映しているのかな」とポスターを眺めていました。そして、ふとひらめいたのです。

「受注は減っているが、工場も機械もある。仕事が受けられないのであれば、営業が依頼してきたイメージアップのためだけに空いている機械を使えばよい。映画なんかに出たら元気な会社と思ってもらえるかも？」

そこで私は映画会社に片っ端から電話をかけて、次のような打診をしたのです。

「映画の小道具で、錠剤やカプセルなどの薬を使うシーンはありませんか。その製作を無料で当社が請け負います」

すると、**ある有名な映画の中で採用されることが決まった**のです。

無料で製作する代わりに、映画のポスターや台本、リーフレットを無料でいただき、映画撮影の現場の写真も撮らせていただきました。

それらをＰＲ資料として営業マンに持たせ「仕事も順調ですし、大手の映画会社からも小道具製造の依頼をいただけるんですよ。倒産するような会社にそのような依頼は来ませんよ！」と、お客様に対するイメージアップの材料にするように営業部の皆さんに伝えました。

これが効果てきめんで、「あんなに大きな映画会社から仕事を任されるのだから、大丈夫なのだろうね。あの倒産の噂って何なの?」と、少しずつですがお客様も安堵されたそうです。

この出来事をきっかけに、受注も少しずつ回復していくだけでなく、その後も、映画やドラマの小道具として、当社の工場で作った薬を採用していただくことになりました。

視野を広げると、人や設備という資産の新たな活用方法が無限大にあることに気づきます。苦境のときに机の前で悩んでいても何も始まりません。常に前を向いて考えながら行動を起こすのです。

自分たちに、今あるものは何か。
自分たちが、今できることは何か。

睡眠以外の時間を全て考え尽くす時間に充てるほどの熱意を持つことで、意外なところからアイデアは降り注いでくるのです。

第５章のまとめ

★ 仕事で成果を上げるポイントは準備にある。たとえば営業では「相手の情報」「提案内容と資料の連動性」「資料を出す順番」を事前に確認しておくべき。

★ 値段が高いことを理由に商談を断られたら、商品の価値を理解してもらうことで成約につなげよう。

★ 競合他社と勝負するには、自社の強みとお客様のニーズ、他社の思考を知ることから始めよう。自社も競合もできていない分野にこそチャンスが潜んでいる。

★ 新しいアイデアを生み出す秘訣は常にアンテナを立てること。ネット上では見つからない情報が現場にはたくさん落ちている。

★ 行き詰まったら大胆な「フィールドチェンジ」を検討しよう。海外には誠意を尽くせば末長く付き合えるパートナーが待っている。道は自分で切り拓こう。

★ アイデアは意外なところから降り注いでくる。視野を広げれば人や設備の活用方法は無限大にある。

第6章

数字を正しく読んで「危機」に備える

決算書が読めるようになる工夫

会社を発展させていくために欠かせない経営者の能力として、「お金のマネジメント」が挙げられます。

経営者は常日頃から、会社のお金の出入りに気を配らなくてはなりません。

多くの方は、若い頃から先代である父や経理担当者から教えてもらいながら経験を積んでいくか、もしくは経理の学校などに行き、自らの意思で学ぶことをするのだと思います。

ところが私は、社長になるまで営業一本でやってきたので、売上を伸ばすことは考えていても、会社全体のお金の出入りや利益については全く考えていませんでした。

そうしたことは先代である父が考えるものだと思っていたからです。

もちろん、急に社長に就任した私は、「決算書（財務諸表）」の読み方など全くわかりませんでした。

そして、経営者として何から手をつけるべきか、まったく見当もつきませんでした。

まずは経営者とは何かを知るために、多くの経営者の本を読むことから始めたのです。

そのときに読んだ1冊が、経営の神様といわれる稲盛和夫氏の書籍でした。

そこに書かれていた「決算書が読めずして何が経営者か」という言葉に衝撃を受け、**「まずは決算書を読めるようになることが、経営者の最低条件なのだ」**と理解し、それを最初の目標としました。

最初に始めたのが、社内における経費の項目を理解することです。

通常、企業活動で記録される経費の名称は、「勘定科目」と呼ばれ分類されます。「福利厚生費」「交際接待費」「旅費交通費」「租税公課」など、私にとっては初めて聞く言葉ばかりで、項目の名称を見ても、何にお金が使われたか全くわかりませんでした。

そこで、自分自身が各科目の名称をきちんと理解できるように**社内で使用する書類**

に限り、勘定科目を一目でわかる言葉に変えたのです。

たとえば、営業部の出張費も、日常的にかかる通勤費もひっくるめて「旅費交通費」としていた科目を、「出張費用」「社員通勤費」と細分化することでわかるようになりました。

「租税公課」も同じです。最初は何のことかわかりませんでしたが、「固定資産税」「収入印紙」「組合賦課金」などと分けることで、経費の全体像が見え、無駄な経費も見えるようになったのです。

さらに当社の数字の流れがわからなければ、どうやって負債がある状態になったのかもわからないので、過去30年分の決算書の数字を全て拾い出し分析しました。

そして自分なりに経営分析に対する理解を深めたところで、上場企業のＩＲ情報も見るようにしました。各企業のホームページからダウンロードし、同業他社の決算書と比較するのです。

すると、**決算書の数字から、それぞれの会社が何にお金をかけているのかが見えて**

きました。

広告に力を入れている会社、原価が高い会社がわかり、それらの広告などもじっくりと見ると、その企業の戦略が見えるようになり、私も経営の中で何にお金をかけるかを考えるようになりました。

稲盛氏は、「経営は飛行機のコックピットのようなもの」とたとえています。「計器盤の数値は決算書の数字。それを読めずに経営するのは、計器盤を無視して、飛行機を操縦するようなもの」と。

しかし経営者の中には、経理を税理士に委託して、自身は決算書も読めないといった人もいるようです。稲盛氏の言葉を借りるわけではないですが、会社の数字がわからなければ、経営者としていったい何ができるのでしょうか。

数字がわからないまま経営するとどうなるか？

たとえるなら、社内で小さな火（赤字）がついたとします。

1年間その火を放置すると、火はどんどんと燃え移り、大きな炎となってしまいます。そして、期末を迎えて2カ月ほどが経過した頃に、やっと「消火活動をしなければ！」と焦るのです。

小さな火のうちに対処をすれば、大きな炎になることはありません。しかし、見過ごしたからこそ、いつの間にか大炎上してしまい、それを後で知ることになるのです。

決算の数字は、過去の数字です。振り返っても変えることはできません。変えたいと思うなら、その瞬間瞬間で数字を理解し、リアルタイムで手を打っていくしかないのです。

だからこそ、経営者は会社の数字に敏感であり、しっかりと理解をしていなければいけないのです。稲盛氏がおっしゃった「**決算書が読めずして何が経営者か**」という言葉が、私の経営者人生を変えた一言でした。

コスト改善から始める経営戦略

会社を経営する以上、どうしても経費は発生します。利益を出すには、売上を上げて経費を抑えることが必要ですが、どうやって経費を抑えるかということも、経営者は真剣に考えなくてはなりません。

その理由はシンプルで、売上を確保することは時間がかかるからです。

売上を上げるには「お客様という相手」が存在するので、こちらの都合だけでは解決できない場合もあります。

しかし、経費であれば自分たちの意識次第でいくらでも改善できるのです。

「業績の改善は、経費改善から」

常に私はそう考えています。

決算書を読めるようになるために、私は過去30年分の決算書を振り返ったという話をしましたが、そのときに併せて、総勘定元帳や振替伝票まで振り返り、経費の一つひとつを丁寧に精査していきました。

そして、不要と判断した経費は、翌年から徹底的にカットしたのです。

経営者は、経費の使われ方や使用額が適正であるかどうかを確認し、経費を抑える指示を明確に出す必要があります。

私の場合、毎月の振替伝票を確認しています。

無駄な経費や不明な経費があれば、すぐに責任者を呼び、「この経費は何のために使ったのか？　この経費は本当にかけなければならなかったのか？　費用対効果は？」と確認しています。

そこまでやっていくことで、本当に無駄な経費が見えてくるのです。

私は社内でこれまでに、あらゆる経費削減の施策を打ってきました。特に社長になって１年目の頃は、現金確保のためにできることは何でもしました。

たとえば、出張先での滞在はカプセルホテルでしたし、商品のパッケージデザインは外注すると高くなるため、自分でデザインソフトを購入し、夜な夜な独学で学び、自分で制作することでデザイン費用をゼロにしました。

大量に廃棄していたゴミも、分別してリサイクル業者に買い取ってもらうようにしましたし、会社で必要な備品は、倒産する会社や、事業縮小をする会社を探し、安く購入させていただけないかと何社も交渉に行きました。

他にも、お中元やお歳暮の廃止、年賀状の廃止、郵送していた資料をメール送付やダウンロードをしてもらう形に変えました。

この本を書いている２０２４年なら当たり前に思われることですが、私の場合、10年前の２０１４年にこうしたことを行い、大きな経費から小さな経費まで徹底して見直したのです。

最大の経費、原材料費を抑えるには

経費削減は先代である父の代からも取り組んでおり、父も社内でよく、「電気代節約」を呼びかけてこまめに消灯を促していました。

しかし、私が経費一覧表を作成し、額順に並べたところ、その電気代は全経費のわずか0・1％にすぎなかったのです。

たとえ10％改善したとしても、0・01％の経費削減にしかならないわけです。

私は、むやみやたらに「経費削減」と声を上げても、従業員の皆さんの実生活に影響する、利益を生み出さない経費削減は、ストレス以外の何者でもないと思います。

電気代や水道代の節約などはむしろ逆効果であると考えたのです。

本当に効果のある経費削減を実行しなければ意味がありません。

当社の場合、原料費と資材費が最大の経費であり、この最大のコストをいかに迅速に圧縮できるかが、会社を再生するための第一歩になると考えていました。

当時、業界内では「当社が倒産する」という噂が流れていたので、お取引先に正攻法で交渉しても相手にされるとは思いません。

そこで、**倒産する噂を逆手にとって、お取引先にお手紙を書いた**のです。そこには次のようなことを記しました。

> ご存じの通り、現在、弊社が倒産するという噂が流れております。しかし、それは事実であり、**このまま何もしなければ弊社は倒産する可能性があります。**倒産したら、長年皆様に支えていただいたご恩をお返しすることができません。ご迷惑をおかけしないよう、今が最大の踏ん張り時だととらえています。
>
> ですので、経営状況を改善するために、ぜひとも御社のお力をお借りしたいと思いお手紙をお送りいたしました。もし今、助けていただければ、復活した際にはご恩を忘れずに、必ず長年のお付き合いをお約束させていただきます。

つきましては、弊社が使用する原料や資材のリストを送付いたしますので、お力添えをいただけるようでしたら、リストに金額をご記入の上、ご返送いただければ幸いです。もしくはご連絡をいただきましたら受け取りに伺わせていただきます。

これまでの弊社の姿勢を信じて、ぜひとも助けていただければ幸いです。

このような旨のお手紙をお送りし、原料資材のリストを返送いただいた中から、最も安い原料を仕入れるように変更していきました。

皆様のお力添えのおかげで、**原材料コストは一気に年間で4000万円の削減を達成**することができたのです。私は現在も、このときのご恩返しに努めています。

経費削減のポイントは、まず、どのコストがどれくらいの割合を占めているかを把握すること。そして、最大のコストから改善することが最適解です。

最強のコスト削減方法は「人を育てる」こと

近年では人手不足を理由に、新卒者の初任給を上げるのが新卒採用のトレンドのようです。当社の規模では考えられませんが、同業大手の場合、初任給が45万円以上の会社もあると耳にするので驚きしかありません。

確かに働く従業員さんがいないことには会社は回りません。人件費は重要な必要経費といえるでしょう。

ところが経営者の中には、「経費削減」を考えるとき、真っ先に人件費が浮かぶという人もいるようです。というのも、人件費は毎月の固定費ですから、土俵際に立たされた経営者が手をつけたくなる気持ちもわかります。

私もかつては倒産という土俵際に立たされました。それでも人員整理は選択せず、給与のカットもしませんでした。

経費削減の痛みを受けるのは、まず経営者である自分から。そして、働く皆の意識を変えるために、フィロソフィで考え方の教育を始めたことは前述しました。

では、なぜ苦境に立たされた私は「考え方」の教育を行ったのか。それは、**人を育てることこそ、最大のコスト削減につながる**からです。

「コストを削減する方法をいくつか挙げてください」という話を経営者やリーダーの皆さんにすると、次のようなことがすぐに思い浮かぶのではないでしょうか。

①時間を短くする
②ロスを減らす
③生産量を増やす
④人を減らす

④の「人を減らす」は、経営者として、最後の最後まで選択してはならない手段だということは述べた通りです。

では、①~③はどのように実現すればよいのでしょうか。最新鋭の機械を導入すれば簡単ですが、資金的な余裕がない会社では、機械の導入は現実的ではありません。

実は、人を育てることで、①~③の全てが解決するのです。

なぜなら、①~③に関しては、同じ機械を使ったとしても、手作業であっても、**働く人の意識の差によって成果が変わる**からです。

ですから、私の中で4番目に出てくるのは、**「人を減らす」ではなく「人を育てる」**といえます。

具体的な例を挙げましょう。

当社で長年、製造に従事する従業員さんは、工場の機械の調子を「音」で判断できると言います。その音の違いは微細なもので、私にはわかりませんし、入社歴の浅い従業員さんにもわかりません。

しかし、時間をかけて機械を担当したベテランの従業員さんは、機械の異音にいち早く気づき、トラブルに対処できるそうです。それによって製造のロスも防げますし、機械の寿命も延ばすことにもなります。

もしも仕事に対する意識が低く、機械の異音に気づかなかったら、どうでしょうか。機械の稼働率が低下して生産量も落ちてしまうかもしれませんし、場合によっては機械に大きな負担がかかり、修理費が発生するかもしれません。

人を育てると、一人ひとりの仕事に対する意識が変わります。するとチームで**コストを下げるために数字を意識するようになり、ロスやミス、無駄な時間も減らそうという意識が高まり、一人ひとりが創意工夫を行うようになっていくのです。**

その第一歩が、まずは仕事に対する意識や考え方を教えること。
さらに、学んだことを「実践する」までをセットにした仕組みの構築が必要です。

「得た知識は実践してこそ本物の学びになる」とは、第１章で述べた通りです。実践には苦痛を伴う場合もあり、努力が欠かせないでしょう。

知識が増えただけで満足する人や、できた気になる人もいますが、**学んだら現場で実践することまで含めて「仕事」**です。そして、その「実践」に対して責任を持たなければならないのが、リーダーや経営者なのです。

「人を育てる」ことは、最強のコスト削減方法である。

ぜひ、この点を忘れないでいただきたいと思います。

業界の慣習に疑いを持つ

どんな業界にも、なぜか昔から存在する「暗黙のルール」のようなものがあるのではないでしょうか。

いつ、誰が、なぜ決めたのかわからない不文律。業界にとって意味のあるルールならよいですが、そうではないものもあるでしょう。

私たちの業界にも、不可思議な慣習がありました。それは、精算の段階で、見積もり額から一方的に値引きされて支払われることです。

どういうことかというと、事前に見積もりで取引価格を決め、当社が商品を納品するところまでは通常通りです。しかし、商品の代金をいただく際に、金額の端数分などが勝手に減額されて入金されるのです。

古くからの業界の慣習とはいえ、それがまかり通っていては経営に影響が出てしまいます。

ですから、お取引先には、「見積もりの段階なら、いくらでも値段を検討させていただきます。ご入金の際の変更はしないでいただけますか」とお願いをしました。

すると、「取引はお互いの信頼関係が大切だから」と理解を示してくださる会社もあれば、自分の会社の利益だけを優先させ、メーカーなどは下請け程度と考えて、まったく同意いただけない会社もありました。

しかし私は、ビジネスとは相互の協力関係が必要であり、互いを大切に思う相思相愛な関係性が必要だと考えているので、同意いただけない会社とは、少しずつ距離を取るように営業部の皆さんに伝えました。

他にも、このようなエピソードもあります。

社長1年目で、資金繰りに奔走していたときのことです。一般的にメーカーは、商品を納品した数カ月後に代金をいただく「掛け払い」が常識です。しかし、当社はその「掛け払い」を待っている時間もないほど資金に困窮していました。

私は、営業部の皆さんに「お客様の後払いを、先払いにしてもらえないだろうか？」と相談したのですが、全員がその言葉に困惑し「難しいと思います」という回答だったのです。

しかし、私は「直接、お取引先に聞いてみないとわからないじゃないか」と全員に話をし、ダメもとでお取引先を一緒に回り、先払いをお願いしに行きました。

先払いをお願いするということは、会社の経営が危機的状況であることを間接的に言っているようなものです。

それでも、「**潰れるほうがご迷惑をおかけするので、これまでの当社を信じていただけないでしょうか**」と真実を話し、お願いしたのです。

当時、社長になったばかりの私は30代の新米でしたし、当社の営業マンも私と同じような年齢でした。お取引先の社長は何十歳も年上の、大先輩にあたるご年齢です。

おそらく先輩方は、若輩者を助けてあげようと思ってくださったのだと思います。

ほとんどの方が快く先払いを了承してくださり、助けていただいたのを覚えています。

これは、若さゆえの勢いと無知であったからこそできたことかもしれません。

しかし慣習にしばられて行動していなかったら、今の当社はありません。常識を疑い、慣習を破って行動したからこそ、先輩経営者の皆様も応援してくださったのです。

業界の暗黙のルールや慣習が、必ずしも正しいルールとは限りません。

本当に皆にとって平等で誠実、そして正しいルールかどうかを疑うことも必要です。

そして、慣習を恐れず行動することもときには必要です。

会社を守るための銀行交渉術

「晴れた日に傘を貸し、雨の日に傘を取り上げる」

これは、銀行と企業の関係を風刺した表現です。苦境に立たされたことのある経営者なら、本当に銀行から傘を取り上げられた経験が、1度や2度はあるのではないでしょうか。私も、傘を取り上げられた経験があります。

父から代替わりをしたばかりの社長1年目のときでした。

当時のメインバンクへ代替わりの挨拶に行き、正直に「売上が下がる」という話もしたのです。

そのときは支店長と担当者も「頑張ってください。何でも相談してくださいね」と笑顔で言ってくださったのですが、一変したのは数日後のこと。

出張先で銀行から私の携帯電話に連絡が入ったのです。それは「父の代に融資したお金を来月から返してください」という宣告でした。

挨拶のときに売上が下がるという話はしたばかりです。

「約定付きではなく、短期の借入枠ですし、今は苦しいから、少し待っていただけませんか」とお願いしましたが、「新社長としての力を見たいので、まずは月々50万円でよいので返済をお願いします」と、取り付く島もありませんでした。

こうなると何としてでも、毎月50万円を返済するしかありません。

返済を遅らせるわけにはいかないので、自分の給与をゼロにして、売れるものは売ってお金を作り、一度も遅れることなく返していました。

ところが、返済も順調に行っていたのに、９カ月が過ぎた頃、「月50万円を返済できる余力があるとわかったので、来月からは１００万円にしてください」と、さらに銀行から追い込まれる言葉を投げつけられたのです。

50万円の返済が増えるだけで、大変な苦労をしてお金を捻出しなくてはなりません。「傘を取り上げる」とは、こういうことなのかと痛感しました。

銀行からの非情な要求に怒りが湧きましたが、私は怒りが頂点に達し、「わかりました。来月から125万円で返済します。その代わり全てを返済しても、また借りてくださいと言わないでください」と大見栄を切ったのです。

銀行担当者の方に、「返せばまた借りられると思っているんですか?」と逆に笑われて、馬鹿にされたことは今でも忘れられません。

それでも当社には断るという選択肢などなかったのです。逆らえば一括返済を求められる可能性もあったからです。

銀行に対する怒りをエネルギーに変え、新規取引先の獲得や経費削減、先払いといったあらゆる施策を打ってお金を工面し、死に物狂いで返済を続けました。

実はその125万円以外にも、10本以上の借入枠や社債の返済もありました。

2週間に1回、早ければ10日ほどで、2000万円の借入枠の返済期限がやってきます。そのたびにお金をかき集めていったんは切り替えのために返済し、同日にまた借り入れて……と、自転車操業のような状態の経営を3年ほど続けました。

このように追い込まれながらも、返済は一度も遅らせることもなく、リスケもなくやりくりし、少しずつ業績回復のための営業活動に精を出しました。

当時を振り返ると、傘を取り上げた銀行の担当者も、自分の業務を全うしただけなのだとわかります。彼も自分が担当する会社で倒産先や回収不能先を出すと、自らの人生に大きな狂いが生じます。

彼なりに必死だったのでしょう。

そのときは怒りしかありませんでしたが、**怒りがあったからこそ、「いつか銀行を見返してやる」というエネルギーが生まれ、私の中に眠っていた底力が発揮できたのだと思うのです。**

もし、銀行が返済に猶予を与えていたら、勉強したり、知恵を絞ったり、工夫をしたりすることもなかったのではないか。そう思えるのです。

今となると、当時、私に苦言を呈した銀行担当者の方に、大変大きな学びをいただいたと非常に感謝をしています。

銀行との付き合い方を考える

自転車操業を抜け出してから、銀行との関係性について改めて考えるようになりました。金融機関と企業はどういった関係性で付き合うのがよいのか。

金融に関するさまざまなセミナーや書籍、担当者との会話を通して、自分なりに学ぼうと努力しました。

そして、私なりに気づいた金融機関との付き合い方がありますので、その注意すべきポイントを紹介します。ただし、これは私の考えなので、全ての人に当てはまるものではありませんのでご注意ください。

①お付き合いの借入れはしない

「晴れた日に傘を貸す」といわれるように、銀行は、業績のよい会社には甘い言葉を投げかけます。そして、さまざまな形で融資を提案してきます。

私も株の売買代金や、資産管理会社の設立、事業拡大資金、他社のM&A資金、設備資金――言い出せばきりがないほどの提案を受けました。

他にも「金利を下げて融資します」「他社さんには出せない特別な金利です」「融資額のノルマが達成できていないのでお願いできませんか」などの甘い言葉もあります。おそらく気分のよくなる言葉を並べられると、利己心や見栄から、「付き合い程度なら……」と、融資を受けてしまう社長もいるのでしょう。

しかし、そのような**利己心や見栄が生まれるのは、業績の低迷による資金枯渇の限界という本物の苦しみを経験したことがないから**です。

私は、父が事業を拡大したときから事業が崩壊するまで、そして復活して事業が好調になるまで、さまざまなシーンで、金融機関の態度と業績の関係性の変化を見てきました。

ですので、そうした甘い言葉には「考えますすね」と答え、本当に必要な資金かどうかをしっかりと時間をかけて考えるようにしています。

時間をかけると「金利が上がる可能性がありますよ」というような言葉で決断を急がせようとします。

そうした言葉には一切乗らず、当社の状況と資金需要を考えてから結論を出します。なぜならお金を借りると返済は100％確定しますが、業績の好調は確定しているものではないからです。

借入れとは借金であり、他人のお金です。

借入れを起こすときは、しっかりと自分の判断と責任で決めるべきであり、金融機関の言葉で決めることなどあってはならないのです。

②定期預金はしない

金融機関の方が融資をする際に投げかける甘い言葉。その最たるものが、「他社さんには出せない特別な金利です」という言葉です。

特別感を出されると、誰でもうれしくなりますよね。しかし、これだけで終わればよいのですがさらに続く場合があります。「特別な金利の代わりにお願いが……定期預金を１つお願いできれば」と続くのです。

きっぱり断ると「御社のために、この金利を取るために定期の確保を約束してきたんです」と泣きついてくることもありました。

そのような話を聞くと、「金利が下がるし、当社のためにやってくれたのなら……」と、ついつい定期預金を了承してしまいがちですが、それはやってはいけません。

なぜなら、仮に１億円の融資を受けたとしても、１０００万円の定期預金を預けることで、実質９０００万円に対する金利になり、**せっかく下げてもらった金利も実質金利では高い金利になってしまう**からです。

さらにもう１つ言うと、**定期預金は「人質」になってしまいます**。

ですので、よほど資金に余裕があるとき以外、付与される金利が高くても定期預金をしないことにしています。

もし定期預金をするのであれば、万が一にも会社の業績が悪化し返済の雲行きが怪しくなったとき、その定期預金は容赦なく回収されるという覚悟をもって預け入れてください。

③銀行の担当者にあえて情報を提供する

銀行の担当者は、自分が担当する会社の情報を把握するほど銀行内の評価が上がるそうです。

ですから私は、**1カ月に1回以上、必ず担当者の方と面談する機会を設けています。**

そして、当社が今どんな事業をしているのか、社長として未来に向けてどんな取り組みをしているか、何を勉強し、どのような思考を持ち、業績を支えているものは何か……といった情報を提供するようにしています。

さらに、業績が思わしくないときには、こちらからその理由と挽回する方策について説明します。

多くの情報を提供することで、経営者としてさまざまな活動をしていることが伝わりますし、相手も担当先の情報を上司に報告できれば、担当会社のことをよく理解していると評価されるのです。

銀行担当者の立場も踏まえ、関係性を高める意識を持って接することが大切です。

また、こうしたこまめな情報提供にはさまざまなプラス面があります。というのも融資の際に、経営者の評価も関係するからです。

「この経営者は、きちんと経営できる能力があるので、少々のプラスオンは大丈夫だ」という判断をしてくれます。

その他にも、「この経営者なら事業を伸ばせる」と認識してもらえれば、優先的に土地の情報や、M＆Aの情報を提供してもらえます。他にもさまざまなイベントにも優先的に声をかけてもらえるようにもなります。

ですので、**銀行担当者の方との付き合い方は、未来の事業において非常に重要なポイントだということを認識しておかなくてはいけないのです。**

逆に絶対にやってはいけないことがあります。

それは、経営者が銀行担当者に対して上から目線でものを言うことです。担当者の方も一人の人間であり感情があります。横柄な態度を取る経営者に対しては、有益な情報を提供しようと思わないですし、融資の際に頑張ってくれることもなくなるでしょう。

上から目線の態度は、自らの首を絞めることになるのです。また、銀行の内部資料でも「経営者の資質として難あり、横暴、横柄」と書かれている可能性もあります。

経営者は未来の事業継続のために、金融機関との付き合い方をしっかりと学び、戦略的に関係性を構築することが求められているのです。

予算VSアイデア、広告宣伝で結果を出すのは？

会社や商品の認知度を上げるために必要な経費が広告宣伝費です。これは事業拡大における一種の投資と言えます。

しかし、テレビや新聞、雑誌の広告料はもちろん高額で、インターネットやＳＮＳへの広告投資は、当社のような街の中小企業にとっては決して安いものではありません。

投資額を増やせば増やすほど、確かに認知度は上がるでしょう。しかし当社にはそのような余裕もなかったので、アイデアを考え、少ない費用で会社をＰＲするしかありませんでした。

私も最初は、お金がないからと諦めていたのですが、本田宗一郎氏の書籍の中に、**「お金がないのではなくアイデアがないだけである」**という言葉を目にし、改めて諦める理由よりも、まずはできることを考えようと意識を変えたのです。

その考え抜いたアイデアの一部を紹介します。

①消費者を巻き込み投資額を抑える

「ゆるキャラ」のような自社キャラクターを作り、その名前を一般公募することにしました。賞金は3万円。チラシを作成してお取引企業からお客様へ配布していただきました。

さらに当時の懸賞雑誌で、賞金付きの一般公募を無料で掲載してくれることを知り、雑誌社に連絡を入れて載せてもらうことができました。

応募する方は、キャラクターの名前を考えるために、当社のホームページやSNSを見て、当社のイメージや理念を汲み取り考えてくれるので、自然と企業PRにつながるのです。

その他にも、健康に関する川柳を募集し、賞金はグランプリに５万円、６部門を設け各賞に２万円という賞金を設定したことがあります。

その募集も自社キャラネーミングを募集したときと同じくお取引先からお客様へ告知されていきました。さらに**入賞した作品は、販促物に使用して、それをまたお客様へ配布**します。

たとえば、夏場に配布する販促ウチワのデザインに、受賞した健康川柳と、それに合った面白いイラストを採用し、たくさんの方に見てもらえるようにしました。

②最先端技術で注目を集める

今でこそＡＲ（拡張現実）は一般的となり浸透していますが、私はスマートフォンが登場して２～３年後の２０１０年、当時最先端技術であったＡＲ技術を手がける企業の方と知り合う機会があり、すぐに採用して商品や会社ＰＲに使用しました。

商品にスマートフォンをかざすと、その情報が飛び出て表示されたり、名刺の企業ロゴにスマートフォンをかざすと、ロゴから当社のキャラが飛び出して動き回ったりする仕掛けを考えました。

これは展示会でも利用し、人が集まる1つのグッズとなりました。

③常識外れの企画を実行する

東京ビッグサイトで定期的に行われる業界の展示会があります。

当社も春と秋に行われる展示会に毎年出展をしていたのですが、似たような企業が集まる展示会で他社よりも目立ち集客するためにどうすればよいか? を常に考えていました。

当時、当社はある生物の体内に存在する希少な成分を抽出し販売していました。そこで、この生物の生きた姿を見てもらおうと考え、土の中で飼育するこの生物を水槽のようなクリアケースに入れて展示しようと企画したのです。

しかし、従業員の皆さんから「東京まで持っていくのは無理です。ましてや生き物を展示会に持っていくなど前例がありません」と猛反対を受けました。

私は「許可はもらってくる、準備を進めて」とスタッフにお願いし、当日実行したのです。

結果はどうなったかというと、過去最高の集客数を達成することができ、その生き物の生態をリアルに見たいということでブースは人であふれかえりました。

広告宣伝費は会社の経営を圧迫します。特に中小企業においては、広告宣伝費を抑える努力をしながら、いかに効率よくリターンを得るかを考えなくてはなりません。それを考えるのも中小企業の経営者の仕事であり、腕の見せ所ではないでしょうか。

業績が順調でも、衰退の危機感を持つ

どんな経営者も、競合会社が少ないブルーオーシャンで、市場を独占できるようなビジネスをしたいと願うでしょう。しかし、一時的にブルーオーシャンになったとしても、それが永遠に続くとは限らないのです。

当社もかつては、関連会社が特許技術を持っていたため、ブルーオーシャンに近い状態で経営することができました。

しかし、特許権の期限が切れた途端、競合会社が台頭してたちまちパテントクリフ（特許の崖。特許切れによって売上高が急激に落ちること）に陥ったのです。

さらにパートナー会社とも考え方の不一致が起こり、孤立する状態になってしまいました。そこで自社で新素材の研究開発に挑戦し、もう一度市場を取り戻すことを目指したのです。

これらの出来事から得た教訓は、**「業績が順調なときに次の準備を行う」**ということ。特許ビジネスがいかに順風満帆であっても、いつか訪れる特許期限を見越して、利益の一部を次の商品開発のために充当しなくてはならないということを学んだのです。

また商品開発のために、どれだけの投資を行うか明確に決めておくことです。基本的に当社では、経常利益から返済額を引いた２分の１までと決めています。

市場の優位性を取って、会社の衰退を遅らせる

生物の寿命と同様に、どのような産業でも起業したと同時に、実は衰退へと向かって進んでいるのです。

日常的に行う経営活動とは、いかに衰退する速度を緩やかにするかという創意工夫の活動であると私はとらえています。

会社は新たなサービスや商品を作り、提供することで社会から評価され、企業価値も高まっていきます。

ただ、人は常に新しいものへと興味が移りますから、市場の優位性も常に入れ替わっているのです。市場の優位性を取ることは、企業の衰退への時間を延命する行為に等しいと思うのです。

だからこそ経営者は、**衰退に対する危機感を常に持ちながら経営に取り組み、従業員の皆さんと共に創意工夫を続ける組織を作らなくてはならないのです。**

そして、その日常的な挑戦によって新商品の開発は達成されるのです。

新しい挑戦に対して、「できるはずがない」と反対する人が一定数いるかもしれません。経験豊富なベテランほど反対する傾向があります。

これまでの知識と経験があるからこそ、無謀に見える挑戦に抵抗を示すのでしょう。

しかし、**実績がないことがプラスになる場合もあります。やったことがない難しい道だからこそ、未経験や無知という部分が突破口になる場合もある**のです。

安定性の高い経営力を創る

世の中の会社の究極的な目的は、「利益を上げること」に集約されるかもしれません。

確かに資本主義的に考えると「利益は多ければ多いほどよい」とされますが、欲をかき過ぎると取引してくれる会社はなくなっていきます。かといって、販売価格を安くし過ぎると、経営が困難になってしまいます。

要するに、**適正な利益を見極め、働いた分の利益を確実に得ることが、安定した経営を創り出す**のです。

では正しい利益とは何か？

当社では、社内セミナーで正しい利益についての説明を定期的に行っています。

たとえば、当社は海外の会社とも取引をしていますが、当然、国の違いによる文化の違いもあります。文化が違うからといって、もしくは知識がないからといって、莫大な利益を取ってはいけないことを社内セミナーでは伝えています。

また、海外のお取引先とは全て「円建て」で取引をしています。この理由は「為替リスク」が関係する取引はしたくないからです。

本書を執筆している2024年現在、円安ということもあり、1ドル140〜150円あたりで相場は推移しています。1ドル150円として、ドル建て取引をしていた場合の例を挙げましょう。

日本円での販売価格が100万円だとして、これを海外に販売すると、入金される金額は為替差益も含めて150万円程度に膨れ上がります。これだけで売上は1・5倍になります。

しかし1ドル90円になった場合、入金される額は為替差損を含めて90万円程度になります。実際に２０１０年頃は１ドル１００円を切っていた時代でした。

円安のときは得をして円高になると損をする。それなのに従業員さんの働きは、どちらも同じです。

ドル建てにすると、働いた分の対価が為替によって左右されてしまうのです。１００万円の商品を作っても、１００万円をいただけるとは限らないのです。そこに私は違和感を持ちました。

ここ数年のように大幅な円安状況が続いていると、ドル建て取引なら得をしている気分になるでしょうし、利益も自然と増えるので経営的にも非常に楽になり、気持ちも大きくなると思います。

では、もしこれが円高に振れ、１ドル90円程度の水準になった場合、企業としてどう対応するのでしょうか。円高に振れたので、価格は上げてください、とお願いするのでしょうか。

儲かっているときは何も言わず、自社の利益が損なわれた場合は、自社の都合で価格変更をお願いする。こうした取引をしていると本当の信頼関係は構築されないと思うのです。よいときは皆よい顔をするものです。

私は、取引先のことも、自社のことも考え「円建て」で取引をしています。**従業員の皆さんが頑張って働いた分だけは、何があっても正しい利益を確保できる環境を整えたい。**そのための確実な方法が、「円建て」の取引でした。

多くの方から、「今の時代に円建て取引とは損をしているね」と言われますが、当社が望んだ利益はいただけているので何の損もしていません。

むしろそういう目線しか持てないことがかわいそうだと感じます。**為替で儲けようなどとする邪《よこしま》な想いは、いつか経営を破綻させる種になる**と考えています。

大企業の場合は、為替リスクも考慮して海外と取引をしているかもしれません。しかし中小企業の場合は、一時的な為替差損でさえ、経営に大きな影響を及ぼす可能性もあるのです。

そして会社によっては、為替差益で得た利益を社員に還元することもあるのでしょう。

ですが、それがいつまで続くかはわからないのです。突然、為替差損が出てしまい、社員への還元がなくなったとき、果たして皆さんは納得してくれるのでしょうか。

為替レートという不安定なものに利益を振り回されるよりも、私は、**会社の調子がよくても悪くても同じように、従業員の皆さんを支えられるように経営することが大事**だと考えています。

経営者として、自社だけの利益ではなく、お取引先も自社の従業員の皆さんの未来を考えた経営を行わなければなりません。

そのためには、正しく働いて得た利益の尊さを、従業員の皆さんにもしっかりと伝えなければならないのです。

第６章のまとめ

★ 業績の改善は経費の改善から始まる。経営者は経費の使われ方や使用額が適正かどうか常に確認し、抑えるべきと判断したなら明確な指示をすべき。

★ 経費削減の要諦は各コストがどれくらいの割合を占めるかを把握し、上位項目から改善すること。

★ 最強のコスト削減策は人を育てること。一人ひとりがコスト意識を持つことでロスやミスを減らそうという創意工夫が生まれ、数字が改善していく。

★ 銀行借入れはくれぐれも慎重に。借りた瞬間に返済の義務は確定するが、それに見合う業績アップは確定していないのだから。

★ 中小企業にとって広告投資は多大なコスト。アイデア勝負で費用を極力かけずに会社や商品をPRして、効率よくリターンを得るのが経営者の仕事である。

★ 衰退に対する危機感を常に持ち、従業員とともに挑戦し続けることで、利益を積み重ねていこう。

おわりに

ここまでお読みいただき、ありがとうございます。
本書の最後に、皆さんにどうしても伝えたいことを記させてください。

学ぶべき師を持つ

私は決して優れた経営者ではありません。むしろ自分に足りない部分が多いと自覚し、それを埋めるために必死に学ぶ努力を積み重ねてきたつもりです。

私は、自分に足りない部分を埋めるために、著名な経営者の実体験を記した書籍から学ぶことが最も早いと考えました。また学ぶだけではなく、必ずアウトプットを行い自分の会社内で実践していくことを心がけていました。

現代では、インターネットやSNSといった便利なツールがあふれているので、何でも簡単に調べることが可能です。

しかし、**経営というものは100人いれば100通りの経営手法があり、インターネットなどで簡単に検索して答えが見つけられるようなものではありません。**

だからこそ、尊敬できる師と呼ぶべき人を見つけ、その人のようになりたいと心から強く願い、その人の真似をするくらいの情熱を持たなくてはいけないと思うのです。

人はたった1つの出会いによって、大きく人生の方向性が変わることもあります。

私も、数多くの方との出会いによって、経営者としての考え方や、進むべき道が大きく変わりました。ここでは、私の人生や考え方を大きく変えたいくつかの出会いを紹介します。

①稲盛和夫氏

経営の神様と呼ばれる京セラの創業者、稲盛和夫氏は、経営者の方はもちろん一般の方でもよく知られている方だと思います。

私は稲盛氏の経営哲学に感銘を受け、この人のような考え方ができる経営者になりたいという一心で、旧・盛和塾の門を叩きました。経営を行う上で、どのような思考を持つべきかを最も学ばせていただいた経営者が稲盛和夫氏です。

私は稲盛氏が書かれた書籍を数多く読みましたが、その中に強い印象を受けたエピソードがあります。

それは稲盛氏が若い頃、ホンダ創業者である本田宗一郎氏の講演を聞きに行ったというエピソードです。

講演会当日、本田氏は登壇してすぐ「このようなところまで来て、こんなおっさんの話を聞いているような暇があれば、今すぐ会社に戻って誠心誠意仕事に取り組め」と参加者の方を叱ったそうです。

私はこのエピソードを読み、「ちょっと待てよ」と感じたのです。きっと稲盛氏も自身の講演で、「私の話を聞きに来る暇があれば、従業員の皆さんのために、まずは経営者として全力を尽くして真剣に働きなさい」とお叱りになるような気がしてならなかったのです。

ですので、稲盛氏の経営哲学を学びたくて塾へ入会したのですが、実は一度も稲盛氏の生の講演を聞きに行く機会を持ちませんでした。

しかしチャンスはゼロではありません。

実は、毎年数名が稲盛氏の講演の前座として、自分の経営の実践について講演する機会をいただけるチャンスがあったのです。

それに選出されるには、経営の数値を伸ばし、稲盛氏の経営哲学を社内に落とし込んで実践し、従業員や社会のために貢献もしなくてなりません。

関西ブロックだけでも2000社以上の会社が入塾しており、その中からたった2社しか選出されない狭き門なのです。

しかし私は、**業績を成長させ、いつか尊敬する稲盛和夫氏の前で、自らが講演できる機会を得るまで努力し続けようと心に決めました。**

私はそのチャンスをつかみ取るために、稲盛氏の教えを徹底して守り実践することに集中しました。

そして2017年、ついに稲盛氏の前座として講演する機会をいただくことができたのです。尊敬する稲盛氏に会うのであれば、同じステージに立ちたいと強く願い努力してきたことが成就された瞬間でした。

現在も、稲盛氏の教えは、私だけでなく従業員の皆さんも共に大切にしています。私の経営者としての考え方のベースには稲盛経営哲学が根づいています。

現在も、立命館大学や鹿児島大学で行われる稲盛氏の経営哲学について学ぶ講座があるので、積極的に参加し学びが乾かないように継続しています。

②松下幸之助氏

稲盛氏と同様に経営の神様と呼ばれた松下電器産業創業者の松下幸之助氏からは、「企業として社会のためにどのような貢献をするのか」と、「従業員の皆さんに対してどのような言葉を投げかけるべきか」という経営者として非常に大切なことを学びました。

松下氏の書籍は、従業員の方やお取引先との実際の会話をベースとした書籍が多いという印象です。松下氏の言葉は、現代社会においても十分に通用する真理をついた言葉であると認識しています。

ですので、従業員の皆さんに対する教育や指導に悩んだときは、必ず松下幸之助氏の書籍を読み漁り、何かヒントになるような言葉がないかを探す習慣が身についています。

稲盛氏が「経営者としての考え方や生き方」を教えてくれるのに対して、**松下氏は「従業員の方や社会との関わり方」を教えてくださいます。**

特に松下氏は、感情と理屈のバランスを非常にうまく取られる経営者ですので、私も松下氏の言葉から数多くのことを学ばせていただきましたし、実際の経営のさまざまなシーンで、松下氏の言葉を借りることで大変助けていただいたこともたくさんあります。

経営者やリーダーの方は、松下幸之助氏の「相手を思いやる言葉のかけ方」から多くのことを学べるはずです。

機会があればぜひ、手に取って読んでいただければと思います。

③元・盛和塾の先輩塾生

元・盛和塾の先輩塾生の皆様は、経営者としても大変な実績があるだけでなく人間性も非常に素晴らしい方がたくさんいらっしゃいます。

その中でも私が特に尊敬するのは、徳島県にある小さなパーツを製造するメーカーを経営する先輩塾生です。

この方の講演を初めて聞いたとき、私もこのような経営者になりたいと強く感じたことを覚えています。

月曜日が来ると、従業員の皆さんが早く出社をしたいと思うほどの会社であり、地域の皆さんからも非常に愛されている会社であることを知り、本当にそのような会社が世の中に存在するのかと最初は疑っていました。

しかし、この社長のお話を聞き、また朝礼に参加した方々のお話を聞く中で、本当にこんな会社が存在するのだと大きな衝撃を受けました。さらに、この社長と会社を知る方からも、この会社のお話を聞き、ますますファンになりました。

私は、先輩塾生である社長が関西で講演をされると聞くと、全ての会場に従業員さんたちも連れて聞きに行き、あんな会社にしたいと皆に何度も話しています。

この社長には、企業理念やミッションステートメントの大切さを教えていただき、当社の社員研修でも同じように大切さを伝えていくことを取り入れました。

また各部門のミッションステートメントの策定を実践することや、その他にも朝礼をしっかり行うこと、従業員の皆さんとの対話を何よりも大切にすること、そして従業員さんとの食事の場を設け共に笑うことなど、たくさんのことを教えていただいたのです。

教えていただいたといっても、何度も講演を聞きに行き、その場その場で学んだことを当社でも実践しようと真似をしていただけです。

しかし、中小企業における従業員の教育方法や信頼関係の構築方法について、大変大きな学びをいただいたと一方的ではありますが、心から感謝しております。

この方が実践されている「**関わる全ての人や社会を幸せにする経営**」は、私が目指すべき経営です。いつか追いつきたいと目標にする経営者です。

もう1人が、大阪の天王寺というところで印刷業を営む先輩塾生です。この方は、私の最も身近で真剣に稲盛経営哲学を実践する経営者です。従業員の皆さんの幸せを心から願うだけでなく、社会に対する貢献も真剣に目指されている経営者です。

大人になると、どうしても子どものような純真さを失い、自分のプライドや見栄だけを守ろうとする自利思考の方が増えます。しかし、この先輩塾生は、自分のことよりも従業員の皆さんのことを第一に考えることができる本当に素晴らしい先輩経営者です。

会社が近いこともあってよく経営の話をするのですが、この方ほど**真剣に従業員のことで悩み、素直に涙を流す経営者**を見たことがありません。

きっと将来、素晴らしい会社を作られるのはこういう経営者だろうといつも傍で見ています。また、従業員さんたちとのやりとりを教えていただき、悩む姿を見て、私自身も自分を振り返る機会をいただいています。

会社の業績や規模感という結果だけで見る人が多い中で、しっかりと自分の信念を持ち、周囲の言葉に惑わされない強いリーダー像の象徴のような方です。

世の中には、結果だけ見てコメンテーターのように聞こえのよい言葉のみを並べる方がいます。そんな方ほど、理論ばかりで何の実践もしていないことがほとんどです。戦っていない人は絶対に負けることもありません。

しかし、私はこの先輩塾生のように、**負けるとわかっていても果敢に挑戦し、失敗しても従業員の方たちと共に、「また一からやり直そう」と鼓舞される姿こそが、本**

物のリーダーだといつも大きな学びをいただいています。

自分の意思でまっすぐ歩む強い経営者であると心から尊敬していると共に、私自身もこの方に負けないほどの強い心と信念を備えた経営者になりたいと常に刺激をいただいています。

他にもたくさんいらっしゃいますが、私が数多くのことを教えていただいた主な経営者の方々を紹介しました。

頼りない未熟な経営者だった私を、何とか従業員さんを守ることができるレベルの経営者に育てていただいた皆様にこの場をお借りし心より感謝を申し上げます。

また、本書を読んでいただいている皆様も、尊敬すべき人を自分の中に定め、この人のようになりたいという強い想いを持っていただきたいと思います。

経営者やリーダーになると、目標のようなものが業績や数字だけになってしまいがちです。しかし、それだけではいけないと思うのです。**業績を大きくするには、人格や人間性も必要になります。**

そうしたことを学ぶためにも、尊敬できる師を見つけ、その人のようになりたいと願う強い情熱が必要なのです。

学ぶべき師を持つことは、自分を高める第一歩であると私は考えています。

「大志正道」――大きな志を持って正しい道を歩む

これは、当社のフィロソフィブックの最後のページに掲げている、私が作った言葉です。

この言葉を思いついたのは2018年。

社内にフィロソフィブックの文化が浸透し始めたものの、従業員の皆さんの本気度がまだ足りないのではないかと逡巡していた時期がありました。そして、**本当に足りないのは、従業員の皆さんではなく、私の想いではないか**という考えに至りました。

私が本当にやるべき使命とは何だろうか。自身を一度リセットするつもりで考えたときに出てきた言葉が「大志正道」です。

私の印象を周囲の方に聞くと、非常に意志の固い人間に見えるようです。私自身は、実は全く逆の人間だと思っており、簡単に心が折れそうになる心の弱い部類に入る人間であるという認識です。

従業員の皆さんに想いを伝え続けることは、すごく難しいですし、伝わっていないことを実感すると、すごく悩みます。

どうすれば理解してくれるのだろうかと長い期間にわたって考え続けます。考えている間に、「もう諦めようかな」と逃げ出したくなることもあるほどです。

だからこそ、私が目指す理想の経営者像を見失わないように、あらゆるところで「大志正道」の言葉が視界に入るようにしています。パソコンやスマートフォンの画面にこの言葉を入れたり、手帳の1ページ目に書いたり、自分が使用するボールペンに刻印したりして、常に自分に対して自分の想いを伝え続けています。

「大志正道」の言葉の中には**「道」**があります。私は「道」という言葉が好きです。日本古来の「武士道」「商人道」といった言葉のように、「道」には「道徳の精神」や「人格」など、その人の生き方も含まれているように思うのです。

「道」があることで、その仕事を通して、「あなたの生き方や考えは人として正しいですか？」と常に問われているように感じるのです。

人は苦境に立ったとき、その苦しみから逃れるために、正しい道から逸《そ》れる選択をすることがあります。その気持ちもわかります。しかし、苦しいからといって、楽な道や誤った道を選択してはいけません。

苦しいときほど、人の道を正しく歩む姿勢を貫くことで人生は好転します。素直で誠実な判断を行えば、人も仕事も集まり、お客様からも社会からも必ず応援していただける会社や組織になります。

本書を通して、「大志正道」の思考が皆さんの人生や仕事において、お役に立つ場面が訪れたら幸いです。

最後に、私と共に「道」を歩んでくれる従業員の皆さんとそのご家族、当社を支えてくれるお取引先やお客様、そしてここまで読んでくださった読者の方々に心より御礼申し上げます。

皆さんが歩んでおられる「道」が、明るく幸せにあふれるものであることを願って、筆を置きたいと思います。

2025年3月

脇本　真之介

編集協力　庄子錬、神野紗代子（エニーソウル）
ブックデザイン・本文ＤＴＰ　石澤義裕

【著者紹介】

脇本　真之介（わきもと・しんのすけ）

◉――1976年奈良県大和高田市生まれ。明治期創業のワキ製薬株式会社５代目代表取締役社長。

◉――1998年に帝京大学を中退、リゾート会員権販売会社でフルコミッション営業に就く。最初は実績が上がらず３カ月で退職を申し出るが営業部長の指導で覚醒、トップセールスとなる。2001年に同社を退職し家業であるワキ製薬に入社、専務取締役に就任。2008年に主力商品の特許切れがきっかけで類似商品が多数出回り価格競争に巻き込まれ苦境に。挽回を期して社長（実父）に内緒でとった施策が裏目に出て原料製造会社と販売代理店の双方から「取引停止」を通告される。13億円あった年商が３億円にまで落ち込み、借金は13億円、社員の３分の１が退職と倒産の危機に直面し、「このままでは父の顔に泥を塗ることになる」と事業承継を申し出て、2012年にワキ製薬の５代目社長に就任。

◉――大胆な改革を断行し、１億円以上の赤字だった業績を２年で完全黒字化。その後も、海外進出や京都大学との産学共同による商品開発などユニークな戦略を打ち出し、年商12億円・売上高経常利益率15％以上までＶ字回復させた。

◉――その後、稲盛和夫氏が主宰する盛和塾に入塾し経営哲学を学び、その叡智を従業員とともに深めてきた。2017年、盛和塾関西ブロック2000社の中から代表企業２社に選出。2021年には「Forbes JAPAN 100」に選出され、「Forbes JAPAN SMALL GIANTS AWARD2021」の全国大会で「関西・中国・四国ブロック大賞」を受賞。本書が初の著書となる。

倒産寸前《とうさんすんぜん》から２年《ねん》で黒字化《くろじか》した社長《しゃちょう》の思考《しこう》

2025年４月７日　　第１刷発行

著　者――脇本　真之介

発行者――齊藤　龍男

発行所――株式会社かんき出版

東京都千代田区麴町4-1-4 西脇ビル　〒102-0083

電話　営業部：03(3262)8011㈹　編集部：03(3262)8012㈹

FAX　03(3234)4421　　振替　00100-2-62304

https://kanki-pub.co.jp/

印刷所――ベクトル印刷株式会社

ISBN978-4-7612-1003-8 C0034